*Criançaria 4*
direção de
Antonio Lancetti

# CRIANÇARIA
TÍTULOS PUBLICADOS

*Infância e Cidadania na América Latina,* Emilio García Méndez
*História Social da Criança Abandonada,* Maria Luiza Marcílio
*A Vida em Rebelião: Jovens em Conflito com a Lei,* Maria Cristina G. Vicentin
*Hora de Nossa Hora: o Menino de Rua e o Brinquedo Circense,* Eduardo Okamoto

# HORA DE NOSSA HORA
## O MENINO DE RUA
## E O BRINQUEDO CIRCENSE

EDUARDO OKAMOTO

# HORA DE NOSSA HORA
## O MENINO DE RUA E O BRINQUEDO CIRCENSE

ADERALDO & ROTHSCHILD EDITORES
São Paulo, 2007

© 2007, de Eduardo Okamoto.
© 2007, desta edição, de
Aderaldo & Rothschild Editores Ltda.
Rua João Moura, 433
05412-001 São Paulo, Brasil
Tel./Fax: (55 11)3083-7419
(55 11)30609273 (atendimento ao Leitor)
lerereler@hucitec.com.br
www.hucitec.com.br
Depósito Legal efetuado.

Assistente editorial
MARIANA NADA

Assistente de produção
MILENA ROCHA

Fotos
JOÃO ROBERTO SIMIONI

Ilustrações
CLÁUDIO GUEDES

PATROCÍNIO
FICC (Fundo de Investimentos Culturais de Campinas)

PARA CONTATO COM O AUTOR
www.eduardookamoto.com
dudaokamoto@yahoo.com.br

CIP-Brasil. Catalogação-na-Fonte
Sindicato Nacional dos Editores de Livros, RJ

O36

Okamoto, Eduardo, 1980-
 Hora de nossa hora : o menino de rua e o brinquedo circense / Eduardo Okamoto. – São Paulo : Aderaldo & Rothschild Editores, 2007.
 128p. : il. ; . – (Criançaria ; 4)

 Inclui bobliografia
 ISBN 978-85-60438-18-1

 1. Arte na educação. 2. Circos – Aspectos sociais. 3. Circos – Política social. 4. Menores de rua – Educação. 5. Teatro na educação. 6. Assistência a menores. 7. Educação popular. I. Título. II. Série.

07-0869.                                         CDD: 371.332
                                                 CDU: 371.383

A gente não revê os que não valem a pena. Acham ainda que não valia a pena?

— GUIMARÃES ROSA

A minha avó, Dona Yolanda.

# SUMÁRIO

|  | PÁG. |
|---|---|
| PREFÁCIO — *Suzi Frankl Sperber* | 11 |
| AGRADECIMENTOS | 17 |
| ANTES DA HORA | 19 |
| NOSSA HORA SE ANUNCIA | 22 |
| O início de tudo | 22 |
| Quando não há rede de proteção | 24 |
| O projeto "Gepeto" | 27 |
| AGORA: A VIDA NA PRECISÃO DO INSTANTE | 30 |
| Identidade na transitoriedade | 30 |
| A noção temporal | 37 |
| Relações espaciais | 39 |
| A HORA DO MENINO DE RUA | 43 |
| Um livro de muitos autores | 43 |
| Quando tudo vira circo | 44 |
| A conquista da autodisciplina | 46 |
| A oficina em situação de risco | 48 |
| O desafio dos malabares | 50 |
| Religando-se a si mesmo | 51 |

## sumário

| | |
|---|---:|
| Do prazer da droga ao prazer do jogo. | 53 |
| Súbito, o silêncio. | 56 |
| O maior espetáculo da Terra: a sutileza | 59 |
| O trabalho multiplica-se. | 61 |
| Quando a realidade se impõe ao sonho | 64 |
| Recomeço. | 65 |
| | |
| A HORA DOS BRINQUEDOS CIRCENSES | 68 |
| Malabares. | 68 |
| Jogos com bastão. | 71 |
| Barangandão arco-íris | 73 |
| Pata de Cavalo | 74 |
| | |
| REVENDO O PASSAR DAS HORAS | 77 |
| Planejamento das atividades | 78 |
| Número de participantes da oficina | 79 |
| Regularidade | 81 |
| Nível de complexidade dos exercícios. | 84 |
| O discurso dos participantes | 86 |
| As ações dos participantes fora das oficinas. | 90 |
| | |
| DEMORÔ!. | 92 |
| | |
| AGORA E NA HORA DE NOSSA HORA. | 95 |
| Primeiros movimentos. | 95 |
| A Chacina da Candelária. | 96 |
| Uma noite na Central de Triagem do Rio de Janeiro | 97 |
| Criação da dramaturgia. | 100 |
| Uma dramaturgia de ator. | 103 |
| Ficha técnica do espetáculo | 106 |
| Breve currículo do espetáculo | 107 |
| Iconografia do espetáculo | 108 |
| O que diz a crítica. | 113 |
| | |
| GLOSSÁRIO. | 119 |
| | |
| INDICAÇÕES DE LEITURA | 123 |
| | |
| INDICAÇÕES DE FILMES | 125 |

# PREFÁCIO

## Suzi Frankl Sperber

Eduardo Okamoto se propôs a fazer uma pesquisa de mímesis corpórea com aqueles chamados de moradores de rua. Antes do trabalho, enquanto interlocutora privilegiada, lhe propus que lesse um conto de João Guimarães Rosa: "A Benfazeja", conto do livro Primeiras Estórias. Nele, Guimarães Rosa resgata a imagem da moradora de rua, tida como criminosa, cruel, fria, dura, sem sentimentos. E o Autor revela, por trás desta imagem negativa, uma figura de uma generosidade e consciência de cidadania excepcionais. A idéia era descobrir o ser humano por trás do estigma de "morador de rua", de excluído, desclassificado.

Okamoto escolheu, inicialmente, para fazer suas observações das corporeidades de moradores de rua, a "Casa dos Amigos de São Francisco de Assis". Trata-se de um dos centros de assistência social de Campinas, cujo objetivo é propiciar àqueles que não têm um lar, um espaço de convivência, de acolhimento e referência, facilitador no resgate da vida e do direito à cidadania. Já é um pressuposto *condizente com a sugestão anteriormente exposta. Para tanto, a Casa acolhe moradores de rua oferecendo: lanche, chuveiros para banho, guarda-volume, corte de cabelo e barba, tanques para a lavagem de roupa, controle de pressão arterial, curativo, encaminhamento de emprego e atividades artísticas e profissionalizantes. Okamoto observou a situação e decidiu, naquele momento inicial com o grupo de atores que havia constituído, o Grupo Matula Teatro, fazer mais do que observá-los. Até porque não é possível assumir um ponto de vista valorizador da vida humana e do outro sem participar minimamente de suas vidas, sem interação. Ele e o grupo (que desenvolveu o projeto de extensão universitária da Unicamp "Arte e Exclusão Social") pensaram, então, em oferecer oficinas teatrais. As oficinas visavam colaborar com a conscientização e a auto-estima dos moradores de rua. Partiram da proposta formulada e sistematizada por Augusto Boal. A proposta, no Teatro-Fórum, consiste em apresentar um problema real como espetáculo teatral. Em seguida, os espectadores são convidados a entrar em cena, substituir o personagem oprimido na situação encenada (personagem que luta para transformar a sua realidade) e, através da improvisação, apresentar alternativas que mudem o rumo dos acontecimentos. Ao empregar este método, Eduardo Okamoto e seu grupo estimularam a discussão de alguns temas, no qual existisse um conflito.*

*Ao empregarem a proposta do Teatro do Oprimido, Duda (Eduardo Okamoto) e o Grupo Matula procuravam re-situar o indivíduo em seu entorno e estimular o desejo e a necessidade de mudança. Na maioria absoluta dos conflitos, o diálogo é o primeiro passo para a resolução, pois aponta caminhos e alternativas. Não só o Teatro do Opri-*

mido não oferece soluções mágicas para problemas concretos, sendo um instrumento lúdico, criativo e eficaz de estímulo à reflexão, ao diálogo e à elaboração de propostas, como o trabalho de Eduardo Okamoto e do Grupo Matula conseguiu, no limite, estimular a formação de um grupo de teatro de moradores de rua, que chegaram a apresentar dois espetáculos. Mas os problemas humanos e sociais de um ser humano em situação de rua são complexos e, claro, toda mudança não depende apenas da consciência, do tratamento igualitário, mas também de sua vontade. E, mais importante que tudo, qualquer mudança dependeria, entendeu Duda Okamoto, conhecer, antes de mais nada, seus interlocutores e procurar compreendê-los.

Esta experiência inicial e sua posterior pesquisa com adolescentes e pré-adolescentes em situação de rua habilitaram-no a aceitar de participar do Projeto Gepeto. E, conforme os leitores verificarão e eu mesma aprendi com o texto, Eduardo Okamoto exercita um olhar, uma ética e ação que vão além das teorias que se pretendem acolhedoras e integradoras da diferença e do diferente. Aprendemos, com a Hora de Nossa Hora, que a questão da identidade, tão repetida em estudos diversos, pode ser equivocada, na medida em que não existe em si — ou não deveria existir em si — de uma vez por todas em ninguém. A cada instante nos constituímos e reconstituímos à medida que aprendemos e apreendemos o outro. A identidade é um constructo feito de respostas aos impasses de cada instante. Não só a própria identidade, como também a de cada um de nossos interlocutores e interatores. Sendo o outro e nós feitos de identidades tão circulares, de repente nós nos constituímos a partir dos outros e os outros a partir de nós. Diferentemente da frase de Paul Rimbaud (em uma carta *a Paul Demeny, em 15/5/1871) quando ele exclamou "je est un autre»* (eu é um outro), *e com isto quis dizer que uma obra artística é como que criada por um outro que não o ser que se conhece e está diante de nós com o nome de Autor, a consciência de Okamoto corresponde a que não somos definitivamente de um jeito. Nossos valores e parâmetros não correspondem à verdade e só podemos atuar no mundo quando acolhemos o universo de percepção, a consciência de estar no mundo, as noções de tempo e espaço possíveis para o outro.*

*Okamoto exercitou uma prática, mas a verbalizou também, no presente livro. Isto foi possível ao perceber que também nos trabalhos sociais, com a melhor das intenções e boas vontades, a ação tende a considerar que o bom, que a integração só existe se corresponder a uma projeção da construção social de alteridades (no tempo e no espaço) que corresponda aos desejos, anseios e medos nossos — que vêm a ser os de nosso grupo social. Bons seriam nossos paradigmas de gente "educada". O outro, mesmo tendo paradigmas coerentes com sua existência e bons para suas condições de sobrevivência, por serem estes paradigmas outros, diferentes dos nossos, estariam com os "maus paradigmas". Okamoto aprendeu a ler o mundo, as ações, os valores a partir da vida, das necessidades, da realidade do outro. Não para proceder ao imobilismo, não para se resignar e não oferecer condições de transformação para os meninos e adolescentes de rua. Mas sim para encontrar estratégias de ação específica, pontual, em certa medida modesta. Porque a construção de uma, digamos, nova identidade, que aproveite as transformações internas ocorridas no processo de aprendizagem — com malabares, por exemplo — parte de cada sujeito, depende dele e não da vontade do educador. Esta sabedoria deve servir para se repensar também a educação em geral. Sobretudo no ensino fundamental e médio: "A educação pressupõe transformação — o que é diferente de pressupor imposição". E pode prestar-se para repensar a questão dos estudos pós-coloniais sobre a apreensão do outro, sobre a compreensão da alteridade. É que mesmo que se pretenda mudar a direção do olhar do centro para a periferia do poder, ainda não se aprendeu a conhecer o universo desta periferia do poder, a fim de compreender os seus valores, estratégias de vida, soluções para o cotidiano. Assim também repensaremos a necessidade ou não de assumirmos o desejo da conversão do outro a padrões nossos. Só serão interessantes se for para o maior bem-estar e mais pleno desenvolvimento do outro. Sem descartar-se a possibilidade de que nossa aprendizagem desta diferença pode ser altamente estimulante, renovadora, enriquecedora para nós mesmos. E tudo isto, sem modelos fixos, porque o grande lance é a linguagem da transitoriedade — nossa, para acompanhar, aprender a do outro. Não para dominá-lo, nem para "educá-lo". Só para desfazer o círculo de ferro que impede o crescimento do outro — e o próprio.*

# AGRADECIMENTOS

Aos atores do Lume, em especial ao Renato Ferracini. Poucos atores têm a chance de ter um grande mestre. Eu tenho sete!

À Professora Doutora Suzi Frankl Sperber: mais que uma acadêmica inteligente, uma mulher sábia.

Aos funcionários do Lume, especialmente, ao José Divino Barbosa, ao Pedro de Freitas e ao Eduardo Albergaria.

À Verônica Fabrini. Poucos atores têm a chance, depois de encontrar suas referências artísticas, de conhecer outros artistas que o estimulem a buscar o seu próprio trabalho. Nunca agradecerei o bastante, Verônica.

Ao Grupo Matula Teatro, especialmente à Alice Possani e à Melissa Lopes, pela inesquecível partilha de caminhos.

Ao Newton de Souza. Que eu faça do meu trabalho um dos desdobramentos do seu: resistência à barbárie!

Aos que me aproximaram dos meninos de rua: Acadec; Craisa; Simone Frangella; Luis Carlos Nem; Teatro de Anônimo; Projetos "Se Essa Rua Fosse Minha" e "Circo Baixada".

Àqueles que sempre estiveram de perto, acompanhando e construindo "Nossa Hora": Prof. Dr. Fernando Villar, Prof. Dr. Mohamed Habib, João Roberto Simioni, Paula Arruda, Marcelo Lazzaratto, Cláudio Guedes, Silvia Borges, Danilo Dal Farra, Sérgio Alves, Robson Haderchpek, Luciano Mendes de Jesus.

Às mulheres da minha vida, que cuidam do ator para que ele possa cuidar do seu trabalho: minha mãe (Dedé), minhas irmãs (Kika e Bia) e Lúcia.

Ao meu pai, Lauro.

À Dani, pelo amor inspirador.

À Fapesp, Fundação de Amparo à Pesquisa do Estado de São Paulo, pelo financiamento de parte do trabalho.

Ao Daisaku Ikeda e aos companheiros da BSGI.

A todos, muito obrigado!

## ANTES DA HORA

Este livro é um atrevimento. Sua proposta é a descrição de um processo de uso do circo na educação não formal de adolescentes, pré-adolescentes e crianças em situação de rua. Se o processo de trabalho já foi, de alguma forma, inteiramente atrevimento, o que se dirá da tentativa de formalizá-lo num texto? Mais: o que ainda pode ser dito, depois que a experiência já se formalizou no espetáculo teatral *Agora e na Hora de Nossa Hora*? Na descrição da construção do nosso circo, espero não só poder dialogar com outras experiências de arte-educação com meninos de rua, mas também recuperar o impulso vital que me levou a criar o espetáculo. Atrevo-me na busca do indizível.

Não há novidade na utilização do circo como instrumento de arte-educação. Muitos projetos já fizeram isso. Também não há novidade na sua prática entre meninos e meninas em situação de rua. Outros tantos já perceberam as possibilidades educacionais do circo com essa população. Entretanto, se não posso aqui apresentar uma proposta inédita, posso partilhar as especificidades que marcaram a minha experiência nas oficinas de circo do projeto "Gepeto — Transformando Sonhos em Realidade". Assim, abro espaço para a troca de idéias — o que é infinitamente diferente de aconselhar educadores com um manual de atuação com meninos de rua.

As especificidades do nosso circo começam na organização dos trabalhos. Toma-se para a sua condução não um artista circense, como se espera na realização de um trabalho de circo-educação, mas um ator. Para aquilo que pude realizar, bastaram-me as aulas de circo da escola de teatro e os nove anos de treinamento como ginasta. Para tudo o que eu não pude realizar, faltou-me a sabedoria que só os anos de picadeiro podem conferir.

Não bastasse o primeiro atrevimento de aceitar a tarefa, afrontei outro: o de realizar uma oficina de circo sem absolutamente nenhum equipamento circense. Não tínhamos uma lona, colchões, trampolins, claves e bolinhas de malabares. Nem mesmo um espaço amplo e com pé-direito alto tínhamos para a realização das atividades. Ainda assim, este atrevimento certamente valeu a pena. Valeu a experimentação de materiais. Valeu a busca por soluções criativas. Valeu, enfim, o trabalho com os brinquedos circenses. Se o circo não podia ser real, que fosse de brinquedo. Há um circo que se edifica, sem lona, sem pedras e tijolos. Ele se constrói no corpo dos homens.

Nestas condições — não me atrevi a tanto — não procurei ensinar nada a ninguém. Nem poderia. Faltavam-me técnica e experiência circenses. Faltavam-me equipamentos. Procurei, no máximo, abrir espaço para que o aprendizado fosse possível. A experiência mostrou que isso pode dar certo.

E neste espaço, quem mais aprendeu não foram os participantes da oficina, mas eu mesmo. Isto ajuda a amenizar o atrevimento. Não escrevo sobre o que pude ensinar aos adolescentes que participaram das oficinas de circo, mas sobre o que deles eu pude aprender. Aliás, a intensidade do aprendizado — não raro dolorido por demais! — foi o que motivou a criação de *Agora e na Hora de Nossa Hora*: era necessário partilhar aquelas horas, fazê-las nossas, ainda que no breve e efêmero momento do espetáculo de teatro. Fica reservado para o último capítulo deste atrevimento uma sucinta descrição do processo de criação do espetáculo.

O início dos trabalhos parecia um salto arriscado, sem rede de proteção. Hoje, quando olho para trás, vejo que de fato era! Mas ao meu lado, crianças, pré-adolescentes e adolescentes em situação de rua mostravam que era possível, do nada que nós tínhamos, reunir impulso para um incrível (como deve ser o circo) salto vital.

# NOSSA HORA SE ANUNCIA

## O INÍCIO DE TUDO

Em agosto de 2002, fui convidado pela ONG Acadec (Ação Artística para o Desenvolvimento Comunitário), juntamente com outros profissionais de teatro, para desenvolver atividades teatrais e de prevenção das Doenças Sexualmente Transmissíveis com adolescentes do Internato Jequitibá (Febem de Campinas). O projeto da Acadec utilizava técnicas teatrais como ferramenta de discussão da prevenção das DSTs entre os participantes das suas oficinas. Com financiamento da Secretaria de Saúde da Prefeitura de Campinas, no Programa Municipal de DSTs/Aids, a Acadec estendia à Febem o projeto "Adolescentes em Cena por uma Cultura de Paz" que já era desenvolvido em diferentes bairros da periferia de Campinas.

O trabalho foi desenvolvido entre agosto de 2002 e julho de 2004. Eu participei do início da execução do projeto. Entretanto, havia um excesso de educadores na sua equipe. Esperava-se, antes do início das atividades, que três educadores pudessem revezar-se no desenvolvimento de atividades entre os mais de cem adolescentes que permanecem no Internato Jequitibá. Porém — isto foi bastante surpreendente para nós —, são desenvolvidas na Febem numerosas atividades, de maneira que é sempre muito difícil encontrar espaço para o desenvolvimento do trabalho. Há de se encontrar brechas entre as aulas do ensino formal, as orientações do serviço social, as aulas de artesanato, as atividades das igrejas evangélicas e católica. Com o desenvolvimento do "Adolescentes em Cena", logo percebemos que, na Febem, diante das circunstâncias que se apresentavam, bastariam dois atores-educadores.

Fui, assim, transferido para a abertura de uma nova frente de trabalho: o desenvolvimento de atividades artísticas no Craisa — Centro de Referência e Atenção Integral à Saúde do Adolescente. No Craisa, fui incumbido, especialmente, da atuação com um grupo específico de adolescentes atendido pelo serviço, os meninos e meninas moradores de rua.

Desde o início das atividades, percebíamos uma especificidade da população atendida pelo Craisa. A instituição atende adolescentes com diferentes histórias, diferentes rotinas, diferentes contextos socioculturais. Estes adolescentes procuram os seus serviços segundo suas necessidades individuais. Por isso, antes mesmo de estimular atividades artísticas entre um grupo de adolescentes era necessário vencer uma etapa anterior: formar um grupo. Contribuir para o reconhecimento não só das demandas individuais, mas também das coletivas foi um dos trabalhos desenvolvidos — reconhecer-se como parte de um grupo representa alguns passos na transição da exclusão para a inclusão social.

Como estímulo à formação de grupos estáveis de trabalho, a coordenação da Acadec preferiu que o trabalho fosse desenvolvido, inicialmente, com base nas oficinas de circo, especialmente as atividades com malabares. Esperava-se que, partindo de uma atividade sustentada na dedicação individual, pouco a pouco fosse gerado um interesse coletivo pelas atividades artísticas o que, por fim, consolidaria a formação de um grupo. Assim, foram iniciadas as oficinas de circo que motivaram a criação do espetáculo *Agora e na Hora de Nossa Hora* e a elaboração deste livro.

## QUANDO NÃO HÁ REDE DE PROTEÇÃO

O circo foi um primeiro passo na atuação da Acadec com os meninos e meninas em situação de rua. Logo o projeto estendeu-se para além desta oficina, não só incluindo outras oficinas de outras linguagens artísticas, mas, sobretudo, ampliando a parceria entre Acadec e Craisa. Foi criado, assim, o projeto "Gepeto — Transformando Sonhos em Realidade".

Para isso, contribuíram não só os primeiros resultados que começavam a despontar na oficina de circo, mas também a história de um dos meninos que passaram pelas oficinas da Acadec, o Mauro. Eu não exagerava quando, na abertura do livro, escrevi que relato o que com os adolescentes aprendi.

Mauro havia participado do "Adolescentes em Cena por uma Cultura de Paz", no Internato Jequitibá — isto quando eu ainda atuava diretamente no projeto. Saindo da Febem, sem referências familiares, ele procura alguns dos educadores da Acadec. Vale registrar que esta não é uma situação incomum. Ao contrário, com freqüência observei casos em que meninos egressos da Febem, depois de terem suas vidas regradas por uma instituição vinte e quatro horas por dia, são "devolvidos ao convívio social" sem efetivamente lhes darem apoio. Sobretudo na adolescência, referências de condutas pessoais e sociais são aspectos fundamentais na formação do sujeito. Um dos resultados disso é o alto índice de meninos que, saídos da Febem, logo acabam por voltar para a instituição.

Mauro, entretanto, estava decidido a não constar mais das estatísticas de adolescentes que retornam à Febem. Para isso, pedia-nos referência e ajuda para, tão-somente, encontrar um lugar para ficar. Seu pedido era simples: um lugar para dormir; a partir daí construir a vida, os sonhos, reinventar-se, enfim. Apesar da simplicidade do pedido, a equipe da Acadec, neste momento toda mobilizada pelo caso, não reconhecia meios de lhe referenciar nesta busca. Não havia instituições que cuidassem disso. Havia quem lhe desse o que comer, um espaço para tomar banho, quem lhe garantisse roupa limpa. Não havia, entretanto, quem pudesse atendê-lo nas suas necessidades. Alguém lembrou dos abrigos da cidade de Campinas. Porém nenhum dos abrigos atendia aos seus desejos. Segundo sua experiência, nestas instituições, não só se garante abrigo, mas também se regula a vida — horários para dormir e acordar, para estudar, para desenvolver essa e aquela atividade. Quem já conheceu de perto essas instituições em Campinas, entende a sua resistência ao abrigo. Mauro não pretendia trocar uma prisão por outra. Pedia-nos simplesmente um lugar para dormir. Durante algumas semanas, permaneceram mobilizadas a equipe da Acadec e do Craisa na tentativa de encontrar uma solução para o impasse. Nesse período procurávamos manter contato com o adolescente quase que diariamente. Ele pedia urgência na ajuda. No retorno à rua, retornavam também antigos problemas. Mauro tivera sua liberdade restringida na Febem pela sua participação em brigas de grupos de adolescentes o que acabara até com o assassinato de alguns jovens. Na Febem, ele completava seus acertos com o Estado. Na rua, eram exigidos outros acertos. O menino era ameaçado de morte. Pretendendo, de fato, transformar suas condições, Mauro pedia ajuda — um lugar para morar.

É claro que ao procurar a equipe da Acadec, uma equipe de arte-educadores, ele não pedia somente um lugar para morar; isso era estendido a um pedido de referência para pessoas que haviam influenciado positivamente a sua experiência na Febem. Entretanto, parecia-nos que se não fosse atendida a sua necessidade primeira, um lugar para morar, estaríamos impossibilitados de dar continuidade ao seu processo de formação. O adolescente corria risco de morte!

Pouco a pouco, seus contatos começaram a minguar. Até que não mais aconteceram. Recebemos, por fim, a notícia da sua morte. Alguns anos mais tarde, tivemos informação de que não morrera e que estava novamente na Febem, na unidade de Franco da Rocha, em São Paulo. Não conseguimos a confirmação de nenhuma das duas notícias.

## O PROJETO "GEPETO"

A história de Mauro revelou-nos um dado muito importante sobre os projetos sociais que procuramos: não há quem dê ouvidos aos adolescentes. Os projetos e programas sociais, as instituições, todos sabem o destino que dariam para a vida desses adolescentes. Poucos sabem ouvir o que os adolescentes pretendem de si mesmos. Os adolescentes não participam da construção de seu próprio projeto de vida.

É preciso, agora, considerar que meninos e meninas de rua trazem experiências variadas, diversas das que nós, moradores de casa, trazemos. Isso é aceitar que suas expectativas podem ser diferentes das nossas. Caso contrário, estaremos limitados a monólogos que não encontram nos meninos seus interlocutores.

É evidente que não se pode esquecer jamais que tais ações são dirigidas a adolescentes, ou seja, a indivíduos com socialização ainda em processo. A infância e a adolescência também são tempos de imaturidade. Reconhecer isso nos opõe a quem defende que a vida nas ruas anteciparia a maturidade (meninos de rua tornam-se adultos antes mesmo de chegarem à adolescência).

Essa antecipação da vida adulta, não raro, romantiza a vida do adolescente na rua tomando-a como a construção consciente de um modo de vida alternativo à vida de quem vive em casa. Nesse caso, tornamo-nos reféns de nossos princípios: já não há mais atuação, mas puramente contemplação.

Ainda pior, são as ações que, fundamentadas nos mesmos argumentos da antecipação da maturidade, tomam a política destinada à juventude como caso de polícia. Assim são a atribuição de responsabilidades plenas a adolescentes, a discussão da redução da maioridade penal, a orientação de assassinatos e a formação de grupos de extermínio.

Nem a passividade que romantiza o modo de vida construída na rua, nem o reacionarismo que reduz o adolescente à face de "menor infrator". Ao invés disso, o diálogo. Assim, busca-se compreender o modo de vida que os meninos aprenderam a construir e se oferecem outras referências de sociabilidade.

É desta discussão, motivada pela história de Mauro, que nasce o projeto "Gepeto — Transformando Sonhos em Realidade". Seu desenvolvimento é uma parceria entre a Ação Artística para Desenvolvimento Comunitário — Acadec e o Centro de Referência e Atenção Integral à Saúde do Adolescente — Craisa, financiado pelo Programa Municipal de DSTs/Aids de Campinas.[1] Seu objetivo principal é a diminuição da vulnerabilidade de crianças e adolescentes em situação de risco mediante atividades artístico-culturais que estimulem a auto-estima, o prazer e a capacidade de ser feliz. Além das oficinas de circo, o "Gepeto" inclui oficinas de música, artes plásticas e dança.

Suas pretensões, entretanto, não se limitam ao oferecimento de atividades artísticas. Estas oficinas representam, na verdade, um início dos trabalhos. As atividades

---

[1] Descrevo, aqui, a minha experiência na fundação do projeto entre os anos de 2002 e 2004, quando me afastei dos trabalhos para me dedicar às apresentações de *Agora e na Hora de Nossa Hora*. Atualmente, o projeto é realizado somente por educadores da Acadec, na sua sede, sem o apoio institucional do Craisa, que, por sua vez, passou por transformações diversas. Para saber mais, entre em contato com a ONG <www.acadec.org.br>.

artísticas são amparadas pelos recursos físicos e humanos do Craisa. Disso resulta que os processos de formação e transformação pelos quais passam os participantes das oficinas são potencializados por outras atividades do serviço, como cuidado à saúde, acompanhamento terapêutico, encaminhamentos, retirada de documentos e etc. O contrário também acontece: adolescentes atendidos pelo Craisa são encaminhados para as oficinas artísticas porque seus educadores vislumbram aí o aprofundamento de processos de transformação.

Na concepção do projeto entrevê-se a história de Mauro: o desenvolvimento de atividades artísticas como mote para processos educacionais potencializados pela interação com outras áreas do conhecimento. Todas essas atividades procuram, como eu já disse, interagir com os adolescentes. Não se trata de dizer o que eles devem fazer da própria vida, mas de contribuir para a formação de sujeitos que farão escolhas para as suas vidas. Aqui, as atividades artísticas desempenham papel fundamental: contribuem para melhor percepção de si e da organização das relações sociais. Escolher é também estar pronto para escolher.

Este princípio fundante do trabalho incorpora-se já no nome do projeto: "Gepeto". O projeto empresta seu nome da estória de Pinóquio, o boneco de madeira que queria ser menino. No desenvolvimento dos trabalhos, a busca pela sabedoria de quem não quer ter em mãos um boneco de quem é possível decidir o destino. Ao contrário, o projeto pretende contribuir para a formação de sujeitos, pessoas. No lugar do boneco, adolescentes que exercitam, a cada instante, a inquietação de pensar o que é melhor para si.

# AGORA:
# A VIDA NA PRECISÃO DO INSTANTE

## IDENTIDADE NA TRANSITORIEDADE[1]

A rua é espaço múltiplo. É espaço de circulação de pessoas com diferentes origens, situações socioculturais e econômicas, com diversidade de opções políticas, ideológicas e religiosas. Ao passar ou ocupar a rua, cada um dos habitantes da cidade imprime um pouco de si no seu espaço. A rua, assim, ganha significações tão diversas quanto é possível à diversidade de pessoas que por ela passam. A população de rua, incluídos crianças e adolescentes, é parte dessa diversidade.

Da mesma forma que ao longo da história se transformam as concepções de mundo, variam também as concepções do espaço da rua. Antes espaço de encontro e de interações entre os habitantes das cidades, progressivamente a rua torna-se local de passagem. Seu espaço

---
[1] Baseado em Simone Miziara Frangella. *Capitães do asfalto — a itinerância como construtora da sociabilidade de meninos e meninas "de rua" em Campinas*. Mestrado em Antropologia. Campinas: Universidade Estadual de Campinas, 1996.

não é mais local de concentração de pessoas e organização da vida social. A rua é destinada exclusivamente à circulação de quem se desloca de um lugar para outro. É neste progressivo esvaziamento da rua que se constrói e se consolida o discurso de limpeza e ordenação do espaço urbano — a *cidade* virou *urbe*. A rua passou a ser projetada de maneira que facilite deslocamentos, sem superfícies rugosas, sem possibilidade de aglomerações. A rua é puramente espaço da transitoriedade.

A disciplina urbanística, entretanto, pode planejar espaços, mas não as pessoas. A rua continua a congregar a multiplicidade de cidadãos. Se as intervenções urbanísticas tendem ao desejo da dispersão popular (o que, arrisco-me a afirmar, corresponde a interesses de classe das elites do poder), a multiplicidade de pessoas que ocupam a rua tende a imprimi-la com outros sentidos. Diversidade é resistência. Assim, persistem em tomar a rua não só como espaço de passagem, mas também como espaço do encontro, os vendedores ambulantes, os pregadores religiosos, os artistas populares. As ações dessas pessoas tendem às aglomerações, a um uso do espaço da cidade que a funcionalidade do pensamento urbanístico exclui.

Nesse contexto, está a população de rua. Desde a origem das cidades, há registros de pessoas que fazem da rua morada. Entretanto, assim como se diversificam os olhares sobre o uso da rua ao longo da história, também é diverso o olhar dos cidadãos das cidades sobre os habitantes da rua. Da compaixão, ao escárnio; do medo (que leva, não raro, às ações de enclausuramento, afastamento dessas pessoas do cotidiano das cidades) ao preconceito. É preciso lembrar sempre que o olhar sobre estas pessoas corresponde a um olhar sociocultural e histórico — mutável, portanto.

Em nossos tempos, o pensamento urbanístico é norma, justificando políticas públicas que pretendem facilitar o deslocamento de pessoas (com trajetos programados, sempre utilitários, como o de casa para o trabalho, por exemplo) e a circulação de mercadorias. A força deste pensamento nas cidades tende a conflitar com o modo de vida dos que procuram ocupar a rua com outra finalidade que não o puro deslocamento. Basta pensar que a organização de manifestações públicas deve levar em conta que, haja o que houver, é proibido obstruir as vias de circulação de veículos, o que está previsto em lei.

No conflito entre a ordenação da circulação e a impossibilidade do controle sobre a diversidade de pessoas, a população de rua apropria-se do espaço urbano. Os habitantes da rua, neste contexto, permanentemente deslocam-se como os demais indivíduos da cidade. Entretanto, o fazem de maneira diferenciada. Se outros habitantes da cidade transitam com a finalidade de sair de um lugar para chegar a outro, os habitantes da rua não desenham um deslocamento objetivo; não há ponto de chegada. Ora se deslocam motivados pela ordem dominante que os expulsa (assim é a ação da polícia, por exemplo), ora se deslocam atrás de outras oportunidades de sobrevivência. Gente que faz da vida movimento.

Neste deslocamento contínuo, a população de rua constrói sua identidade. A rua adquire sentidos diferenciados para essas pessoas; a rua molda a sua visão de mundo. O nomadismo implica uma série de referências de sociabilidade para a população de rua, como o desenvolvimento de relações efêmeras e fragmentadas e a sensação de liberdade. Ao se deslocar, o habitante das ruas se constrói, faz-se andando. Ao ocupar a rua de maneira diferenciada, a população de rua é facilmente destacada na paisagem urbana. Seu modo de vida subverte a lógica e a expectativa de ocupação de espaços que os outros habitantes da cidade aprenderam a incorporar. Os habitantes da rua são, para outros cidadãos, um pouco fora do lugar.

Também os meninos e meninas se constroem enquanto se deslocam nas ruas da cidade. Estes meninos, entretanto, são ainda mais destacados na multidão das cidades: além de subverter a lógica urbana de ocupação de espaço, contrariam um modelo de infância e juventude. Meninos de rua não vão à escola, não têm casa e família que os protejam, não se amoldam, enfim, a um modelo de sociabilidade: estudar, crescer, ser alguém na vida, casar e constituir família.

Ao ter considerada a sua sociabilidade incompleta (assim são a infância e a juventude) meninos e meninas de rua facilmente tornam-se "sujeitos apropriáveis". O Estado, as instituições, grupos e pessoas com os quais dialogam sabem o que deve ser feito dos meninos. Meninos de rua são alvo de infindas tentativas de reintegração à sociedade. Essas são tentativas de capturá-los para o cumprimento de um modelo que nem sempre desejam assumir. Estas ações, em geral, tendem a afirmar como sociabilidade positiva a que se sustenta na casa, na estrutura familiar e no trabalho. A rua é reafirmada como lugar perigoso, indefinido. A rua não é lugar de criança.

Justificadas nos seus argumentos que desenham a figura do "menor abandonado" estas ações, no entanto, fracassam. Isso porque não levam em conta que a rua não é só espaço de desconstrução de relações; a rua é também construção de uma nova sociabilidade. Viciadas num olhar preconceituoso sobre a rua e o modo de vida de seus habitantes, estas ações pretendem, não raro, tirar da rua os meninos a qualquer custo, procurando discipliná-los a um modelo de juventude. Assim são, por exemplo, as ações de recolhimento da população de rua que se multiplicam pelas cidades do país — às vezes às claras como política pública; outras de forma obscura, como crime e caso de polícia. Isto eu testemunhei pessoalmente na cidade do Rio de Janeiro, em 2003. Em São Paulo, mesmo quando a prefeitura tomou a política de atendimento à população de rua com prioridade da gestão 2000-2004, houve numerosos casos de desapropriação judicial de viadutos e a perpetuação da chamada arquitetura antimendigo, em que se instalam em vias públicas pisos pontiagudos, grades sob pontes, e outros mecanismos físicos de expulsão da população de rua.

Há nesse modo de atuação, uma certa arrogância. O povo brasileiro, "pacífico por natureza", pode deixar escapar, na sua conduta com esta população, preconceito e intolerância que tanto condena em outros povos. Quando os EUA decidiram, em nome da liberdade do povo do Iraque, praticar o genocídio que até hoje a história testemunha, nossas representações políticas facilmente manifestaram seu repúdio à guerra. Nisso eu estava completamente de acordo. Entretanto, é curioso observar que, no Brasil, a população de rua, em nome do seu bem, seja forçada a cumprir um modelo de vida que, nem sempre, deseja para si.

Este é um erro que eu não pretendia cometer na realização das oficinas de circo. Para isso, era importante que também eu me abrisse ao que os meninos poderiam ensinar-me. Desde o início dos trabalhos me propus ao exercício de enxergar o mundo pelos olhos dos meninos. No aprendizado ao seu lado, eu entendi que a rua não é só o espaço da violência; é também o espaço do exercício de liberdade, da aventura, da imprevisibilidade, das infinitas possibilidades que a vida apresenta. O trabalho não poderia ser pautado jamais na anulação dessa sua visão de mundo.

É claro que o entendimento da rua e da sociabilidade que estes meninos nela constroem não é tarefa simples. Implica o reconhecimento de que não estamos corretos em todas as nossas certezas. Implica o aprendizado de que a rua pode ser não só lugar de passagem, mas também de encontro. A rua é lugar de criança. É também lugar de adultos, de adolescentes, de casais de namorados, de idosos, de toda gente. Agora, indiscutivelmente, é preciso transformar a rua: exigir de volta as nossas praças, os bancos para o namoro dos casais, as áreas verdes, as cadeiras nas calçadas. O espaço público, enfim, tomado novamente como público. Não se trata somente de discutir o que fazer dos meninos que vivem nas ruas. Trata-se de discutir um projeto de cidade.

Lugar de criança não é na violência da rua, dizem. Entretanto, a rua pode ser violenta justamente porque não tem criança. O crime não se instala nas ruas onde as crianças brincam, onde os vizinhos se conhecem e sentam no meio-fio para jogar conversa fora. Ao contrário, os bandidos escolhem mesmo são as ruas desertas, onde os vizinhos não fazem idéia do que acontece na casa ao lado.

Isto, evidentemente, não significa deixar tudo como está. Ao me propor a uma ação social com a população de rua declaro-me contrário ao atual estado de coisas. Indiscutivelmente é preciso trabalharmos — e muito! — para transformar a atual ordem em que vivemos. Não interessa uma postura passiva que, de fato, abandona meninos e meninas de rua à violência. Entretanto, no projeto "Gepeto", eu não pretendia, em nome da defesa de meninos de rua, submetê-los a uma nova violência. Eu não pretendia dizer a nenhum deles o que deveriam fazer de si. A ação não era imposição, mas inquietação: o que cada um de nós pretende de si? Juntos, pudemos trocar experiências, referências, visões de mundo e, sobretudo, juntarmos coragem suficiente para continuarmos inquietos. Uma certeza: conhecer o outro é também reconhecer a si mesmo.

Procurar não julgar os meninos de rua por não serem o que nós gostaríamos que fossem foi um exercício permanente. Nisso estava a nossa ética. Para nos abrirmos ao diálogo, a equipe do "Gepeto" propunha a criação artística. Nisso estava a nossa técnica. A partir da aproximação estimulada pela criação artística, abrir possibilidades de diálogo entre artistas-educadores e meninos e meninas de rua.

A experiência do projeto mostrou que estávamos certos em nossas apostas: a arte abre espaços para o diálogo e para múltiplos processos de transformação entre os adolescentes participantes das oficinas, entre os arte-educadores que as conduziam, entre os profissionais que acompanhavam as atividades.

O circo, em especial, foi bastante eficiente na aproximação com os adolescentes e pré-adolescentes em situação de rua. A transitoriedade dos adolescentes em situação de rua e a itinerância própria do circo podem, em parte, explicar a facilidade com que meninos e meninas de rua se entregam às atividades circenses — o que acontece não só no projeto "Gepeto", mas em diversos outros projetos que fazem do circo sua principal forma de atuação, como o projeto "Se Essa Rua Fosse Minha", no Rio de Janeiro. É como se o circo trouxesse em suas técnicas uma qualidade arquetípica do deslocamento contínuo. Não pretendo despender energia para o desenvolvimento dessa hipótese, tarefa que seria árdua e possivelmente inútil (de que serviria conhecer tais relações?). Registro isto menos pela relevância da sua discussão na formação dos participantes da oficina e mais como estímulo ao educador para prosseguir o seu trabalho. Como ferramenta para dialogarmos com a transitoriedade, a linguagem da transitoriedade.

## A NOÇÃO TEMPORAL

Já disse que a vida nas ruas é construtora de uma sociabilidade. Isto implica modos de relação com o espaço e com o tempo. A população de rua tende a viver relações espaço-temporais de maneira diversa das experienciadas por nós, habitantes de casa. O modo circulante de vida estimula a vivência de relações efêmeras e fragmentadas. Vejamos isso com um pouco mais de cuidado.

Ao passar pela rua movimentada do centro das grandes cidades, é comum encontrarmos habitantes das ruas, incluídos aí os meninos e meninas, dormindo. Também comumente, o cidadão que mora em casa pergunta-se como é possível alguém entregar-se ao sono em vias tão movimentadas, barulhentas e poluídas. A experiência com a população de rua, entretanto, ensina: só na rua movimentada é possível dormir tranqüilamente. Dormir na rua deserta e afastada da movimentação de transeuntes é perigoso demais.

O modo de vida de quem faz da rua morada inclui a vivência de uma relação diferenciada com o tempo. É fácil esta constatação no exemplo citado: muitas vezes o dia é período de sono.

A vivência de relações temporais diferentes das que organizam grande parte das atividades sociais implica exclusão social. Se, durante o dia, o menino dorme, no mínimo, fica privado de interações com muitos dos atores da cidade.

É certo que isto não é regra. Nem sempre meninos de rua trocam a noite pelo dia. Por outro lado, parece indiscutível o fato de que a sociabilidade que meninos constroem na rua implica noções temporais diferentes das que desenvolvem os que moram em suas casas. A fluidez, as aventuras, a possibilidade sempre aberta de deslocamentos constrói uma vida intensamente vivida em momento presente. Agora!

Disso resultava uma dificuldade para a realização das oficinas. Era difícil estabelecer horários e dias de realização do circo. Não raro, os adolescentes não usavam os dias da semana como referência para a organização de suas vidas. Assim, de início, era pouco eficiente reforçar a disciplina de cumprimento de horários: "Vejo vocês na próxima segunda-feira, à uma hora!" Mas quando é segunda-feira?

Para trabalhar essa dificuldade, foi importante a manutenção disciplinada de horários e dias de realização das oficinas. Por longos períodos de tempo, não era alterado o horário de realização das atividades. Mais do que as palavras, a atitude do arte-educador poderia trazer novas possibilidades de referências para estes meninos. Assim, havendo meninos ou não para a realização da oficina, havendo atrasos ou não dos meninos, eu procurei sempre autodisciplina para não faltar e não me atrasar para os nossos encontros. Isso fez que, pouco a pouco, a oficina se instalasse nos espaços do Craisa. A regularidade da minha presença era fator importante para isso.

O respeito à sociabilidade que os meninos constroem na rua era um pressuposto. Não poderia transformar-se em resignação. Ou seja, é evidente que, ao pretender uma ação de arte-educação com os meninos, eu me propunha a trazer algo diferente para as suas vidas. A educação pressupõe transformação — o que é diferente de pressupor imposição. Ao oferecer novas referências, eu abria a possibilidade de escolha. Não é necessário e não é desejável que todos construam sua sociabilidade de maneira idêntica. Entretanto, é necessário que cada um possa experimentar múltiplas possibilidades de si mesmo.

### RELAÇÕES ESPACIAIS

A sociabilidade construída na rua por meninos e meninas de rua é condicionada e condicionadora de uma relação com o espaço da cidade. A população de rua se constrói ao deslocar-se permanentemente. Assim, uma das necessidades do trabalho seria oferecer outras referências de uso do espaço.

Antes de mais nada, aprendi a necessidade de fixação da oficina num único espaço. Pode parecer uma bobagem. Não é. Mesmo fixados num único lugar, os adolescentes tendiam ao deslocamento. Ou se aproximando e se distanciando do espaço da oficina. Ou porque, mesmo inclusos na área ocupada pela oficina, deslocavam-se permanentemente. Dificilmente conseguiam ficar parados. Para a realização da mais simples atividade, como os malabares com uma ou duas bolinhas, caminhavam ansiosos. Chamar a sua atenção para isso foi um trabalho permanente.

Além disso, no uso que fazem da rua, as mais diferentes atividades são realizadas no mesmo espaço. A rua é espaço de comer, dormir, brincar, urinar, desenvolver relacionamentos afetivos e etc.

Isso é muito diferente do que acontece com os que fazem da rua espaço de passagem e da casa lugar de morada. As casas são organizadas com diferentes espaços para diferentes atividades: a sala, a cozinha, o banheiro, o quarto, a área de serviço. Assim se organiza a vida e o pensamento.

Para os meninos de rua, um único espaço é ocupado para quase todas as atividades. Disso resultava uma dificuldade grande na instalação da oficina. O espaço que ocupava acabava ganhando muitos usos: o cochilo depois do almoço, a paquera, a briga, a arrumação das roupas. Assim, facilmente se instalava o caos.

Isso, no início das atividades, era ainda potencializado pelo fato de não haver um local específico para a realização das oficinas de circo (durante muito tempo, as oficinas aconteceram na antiga sede do Craisa. Somente depois da sua mudança para uma nova sede, as oficinas ganharam espaço próprio). Ocupávamos, então, o refeitório que, além de servir como espaço da alimentação, era local de passagem entre o banheiro das meninas, a lavanderia e os outros serviços do Craisa. Assim, a oficina era permeada permanentemente por um estado de dispersão. Quando os meninos conseguiam fixar-se no espaço, os outros que passavam pelo espaço os dispersavam. Por muito tempo me debati com essa dificuldade. Não era possível realizar a oficina em outro lugar e, ao mesmo tempo, o espaço não era apropriado para a realização das atividades. Dessa maneira, a oficina não era capaz de oferecer aos seus participantes relações espaciais diferentes das que os meninos já desenvolviam em seu cotidiano.

Não foi preciso muito para que isso começasse a se transformar. Primeiro os funcionários do Craisa conferiram nova organização ao seu espaço. A biblioteca, antes também no mesmo espaço do refeitório, ganhou uma nova sala — onde antes funcionava um depósito de materiais. Depois, separaram os espaços da oficina das mesas do refeitório. Para isso utilizaram um antigo armário, decorado com uma nova pintura.

Isso resolvia em parte os problemas, mas não os solucionava totalmente. A oficina continuava a ser local de passagem para o banheiro das meninas. Se não podíamos encontrar uma solução definitiva para isso (não podíamos erguer uma nova parede para proteger o espaço da oficina), conferi uma solução simbólica. O espaço foi marcado com base em um grande tecido vermelho que dava, então, os limites espaciais do trabalho. Delimitava-se, assim, nosso picadeiro.

A partir daí, a oficina transcorreu com mais facilidade. Os adolescentes tendiam a permanecer por mais tempo no trabalho, sem conjugar outras tarefas com as que se desenvolvem no circo.

O tecido vermelho trouxe ainda outro benefício: o espaço ficava fortemente vinculado à oficina. Ao adentrar a casa e perceber estendido o pano no chão, os meninos já sabiam: a oficina de circo estava acontecendo. A oficina, assim, instalava-se definitivamente no Craisa.

Todos os dias repetia-se o mesmo ritual: na minha chegada, eu trazia e estendia o tecido vermelho para a realização da oficina no Craisa. Havendo meninos, eu era ajudado na tarefa. Se, por qualquer motivo, não havia meninos no Craisa para participar da oficina, ainda assim, eu estendia o pano. Caso chegasse alguém, já durante o horário de realização das atividades, era importante que encontrasse o espaço pronto para o circo. A oficina instalava-se no espaço do Craisa independentemente da presença dos meninos. Assim, eu esperava, tanto quanto ensinar algumas técnicas de circo, poder propiciar aos adolescentes do Craisa outras referências diferentes das que encontravam no seu dia-a-dia: continuidade, regularidade e autodisciplina.

Num dia, atrasado por uma reunião de equipe do próprio projeto "Gepeto", eu falhei nessa disciplina. Mesmo chegando atrasado, eu pretendia repetir o ritual: estender o pano e preparar o espaço para a realização das atividades. Surpreendentemente, o espaço da oficina já estava sendo ocupado. Os adolescentes preferiram começar as atividades no horário. Na ausência do tecido vermelho, que eu trazia comigo, colocaram de forma circular alguns colchonetes. Ali, eu tive a certeza de que não era só eu que me transformava com os trabalhos.

# A HORA DO MENINO DE RUA

## UM LIVRO DE MUITOS AUTORES

Este livro descreve quase dois anos de minha interação com crianças e adolescentes em situação de rua. Entretanto, o processo que conduziu às reflexões que apresento não foi gerado exclusivamente por mim. Dele participaram adolescentes, arte-educadores, educadores-sociais, profissionais de diversas áreas. Como ator, acredito que o fenômeno teatral só acontece quando do encontro de atores e espectadores afinam-se as capacidades de escuta, do outro e de si. O mesmo é possível dizer de nosso trabalho: só aconteceu quando deixava de ser uma proposta do arte-educador para se tornar aposta coletiva.

O próprio espetáculo que sintetiza este processo, *Agora e na Hora de Nossa Hora*, ainda que se apresente como um monólogo, com um único ator em cena, na verdade não o é. Invisivelmente aos olhos do espectador, contraceno com muitos outros atores. Alguns da lembrança recente; outros da memória longínqua. "Agora" é *nossa* hora.

Por isso, aqui, apresento não só o que eu pude concluir, mas também o próprio processo coletivo que tornou possível as conclusões: encontros e desencontros.

## QUANDO TUDO VIRA CIRCO

No percorrer destes caminhos, a oficina pôde contar com a participação mais do que especial de João. Com quatorze anos, quando se aproximou da oficina, o adolescente já sabia muitos truques de malabares. Isso, de certa forma, tornava inicialmente sua participação um pouco ansiosa. Ele preferia mostrar o que já sabia a aprender coisas novas. Quase um desafio lançado a mim, mostrando que já sabia muitas das coisas que eu poderia apresentar. De fato, ele sabia mesmo.

A mudança de dinâmica que se estabelecia nas nossas relações aconteceu quando, na porta do Craisa, um caminhão que transportava caixas de laranjas deixou cair parte do seu carregamento. Ele imediatamente saiu para apanhar as laranjas que ali estavam: primeiro para chupá-las (ele diz que adora o suco da fruta) e depois para usá-las para jogar malabares. Até o final do dia, ele não voltaria a treinar com as bolinhas da oficina, mas apenas com as laranjas apanhadas na rua.

Era muito significativo o impulso do João de trabalhar não com as bolinhas, mas com laranjas. Isso porque boa parte do que ele sabe de malabarismo foi conquistado no tempo em que ele, ao lado de sua família, trabalhava na cultura de laranja. Enquanto as apanhava, aproveitava para fazer malabarismo.

Quando treinava malabares na oficina, comumente comentava suas lembranças do trabalho nos laranjais. Por isso, eu já sabia que, ao jogar as três bolinhas, ele poderia resgatar memórias, revisitando ações e sensações que realizava naquele tempo. Nisso se revelava uma especificidade do seu jogo de malabares. Para ele, além dos desafios comuns a todos os malabaristas, somavam-se processos de resgate de identidade, de suas histórias, memórias, afetividades, etc. Essas lembranças eram também partilhadas. Além de resgatar memórias, o menino nos contava histórias. As histórias pareciam-lhe dignas de partilha. Assim, vivências eram resgatadas e valorizadas.

No dia em que ele treinou com as próprias laranjas, o trabalho começou a ganhar novas dimensões. Primeiro porque as suas lembranças foram potencializadas: se antes as bolinhas representavam as frutas, naquele dia as laranjas eram reais, com peso, textura, cor, tamanho. Além disso, ao jogar com laranjas, o adolescente incorporava à oficina de circo uma prática que marcaria profundamente os seus trabalhos: tudo é passível do malabarismo. Malabares se faz com bolinhas, mas também com laranja. Também com garrafas de água, com lápis, com borrachas, com pequenas caixas de papelão.

Isso fez que o menino lançasse um olhar diferenciado para o cotidiano que o cerca. A qualquer momento, tudo pode virar pretexto para o malabarismo — sucata, pedra, fruta. Além de se estimular ao exercício do malabarismo, João o fazia de forma inventiva. Ao exercício motor do malabarismo, era acrescido, assim, o trabalho criativo. O circo deixava-o permanentemente alerta, desconfiado de que as coisas guardam dentro de si, mais do que se supõe à primeira vista.

O dia do malabarismo com as laranjas representou um marco no trabalho de João. A partir dali ele pouco a pouco se aproximava, não só para mostrar que já sabia o que eu poderia apresentar, mas também abrindo-se às relações de troca. Isto obviamente foi um processo de semanas: primeiro ele mostrava que, sozinho, treinara alguns dos truques que eu mostrava na oficina, aparentemente sem ter a sua atenção; depois de fato parando e ouvindo indicações dentro da própria oficina; finalmente, ele reconheceu que eu não estava lá para competir, mas para me disponibilizar para o jogo do circo. Assim, relações ansiosas eram transformadas em relações de confiança.

## A CONQUISTA DA AUTODISCIPLINA

O aprofundamento das relações de confiança entre educador e educandos foi acompanhado de conquistas de autodisciplina e organização. Processo que eu observava não só no trabalho com João, mas também na experiência com outros adolescentes. A oficina finalmente contava com a participação regular de determinados adolescentes.

Desde o início dos trabalhos, a oficina é permanentemente aberta à participação de todos os interessados. O único pré-requisito para a participação nas atividades é manifestar o desejo do jogo circense.

De interações anteriores com a população de rua, eu sabia que transitoriedade é uma das suas características. Também das experiências anteriores, eu sabia que a rigidez na exigência do cumprimento de horários poderia, ao contrário do que eu pretendia, limitar excessivamente a participação dos adolescentes na oficina. Antes de estimular a atividade circense entre um grupo de adolescentes era necessário formar um grupo. Isso, de cara, confere à oficina uma atitude receptiva para os meninos. Diferentemente do que acontece no cotidiano das cidades, onde seus cidadãos os negam, a oficina não exige que eles sejam outra coisa que não eles mesmos. A oficina é iniciada antes mesmo de começar, na delimitação das relações entre o educador e seus educandos. Na recepção amorosa de seus participantes tem-se um estímulo à aproximação dos adolescentes e à formação de um grupo.

Por outro lado, no início dos trabalhos, isso trouxe uma dificuldade adicional para a oficina. Isso porque as técnicas circenses que colocam o corpo em situações de risco, como a acrobacia, exigem aquecimento corporal (na verdade, psicofísico) e um encerramento dos trabalhos. Ou seja, exigem preparação, desenvolvimento e fechamento das atividades do dia. Ora, se não havia um grupo interessado nos trabalhos, nem mesmo adolescentes disciplinados o suficiente para o desenvolvimento de atividades por longos períodos de tempo, como a oficina poderia desenvolver-se com a garantia da integridade da saúde dos seus participantes?

Por isso as atividades de circo foram iniciadas com técnicas de malabarismo. Esperava, a partir dos malabares, criar vínculos de trabalho com os participantes da oficina e, pouco a pouco, contribuir para a experiência da disciplina e organização de horários. A autodisciplina não é uma imposição, mas uma conquista.

Isso, é claro, sem nunca esquecer da necessidade pedagógica de estimular a incorporação de vínculos espaciais e de noções temporais, já que a vivência de relações espaço-tempo de maneira diversa da que organiza as atividades sociais funciona como mecanismo de exclusão. O que não eu queria era exigir resultados antes de se iniciar o processo de trabalho. Nosso circo, mesmo que invisível porque construído no interior de nossos corpos, assim como as construções de pedras, exigia um sólido alicerce.

## A OFICINA EM SITUAÇÃO DE RISCO

A simples manutenção de horários das oficinas representou para os meninos importante referência de disciplina e organização dos trabalhos. Isso já ficou claro no capítulo anterior.

Além disso, sempre reforcei com os adolescentes o compromisso da participação. No início e no fim da oficina, eu conversava com os seus participantes e juntos acertávamos nossos compromissos, como a presença regular na oficina.

Assim foi com João. Quando eu percebi que ele se sentia confiante no treino de malabares, passei a estimulá-lo ao compromisso da presença assídua. Inicialmente, ele pareceu resistir ao compromisso. Quando perguntado se poderíamos firmar o acordo de participação na próxima oficina ele se esquivou:

— Não sei se eu venho, não.
— Por que, João?
— Eu e o meu companheiro ali — disse apontando outro adolescente — estamos "descabelando" demais.
— Como assim "descabelando"?
— Fumando. A gente tá fumando demais.

Ele referia-se ao consumo de *crack*, droga de uso freqüente entre adolescentes em situação de risco de Campinas.

— Se você me disser que não vem na sexta-feira, eu também não venho — eu insisti.

— Por quê? Por que só eu é que gosto de fazer malabares?

— É importante que você participe da oficina.

Depois de longa pausa, ele acertou o compromisso:

— Tá bom, fechado!

Na oficina seguinte, de fato ele apareceu para os trabalhos.

A conversa com o João revelava, além de profunda confiança em querer partilhar comigo um problema seu que dificultava sua atuação no circo, um procedimento bastante eficiente no estimulo à participação disciplinada dos adolescentes. Quando ele se referiu ao uso de droga, ele me dizia, na verdade, que estava vulnerável, que nem sempre conseguia participar das atividades mesmo interessado nelas. Em vez de lamentar a situação, eu preferi solidarizar-me: se ele não vinha, também eu não compareceria. Se estabelecíamos relações de confiança, era preciso assumirmos riscos juntos. Se o adolescente está em situação de risco, o próprio trabalho está em risco. Foi bom ter deixado isso evidente para todos.

Isso só foi possível depois que a oficina já se instalara no espaço do Craisa. Os adolescentes já reconheciam a disciplina da oficina de circo. Assim, de fato surpreendia que eu considerasse a hipótese de me ausentar. Ao apresentar a possibilidade da minha ausência, o adolescente reconhecia a importância da sua própria presença para a manutenção dos trabalhos.

Outras vezes assumi riscos semelhantes. Mais de uma vez, eu entreguei as bolinhas da oficina para os meninos. Isso acontecia especialmente nos momentos em que os meninos reclamavam alguma dificuldade em lidar com o uso de drogas. Nestas ocasiões, quando saíam do Craisa, eu lhes entregava as bolinhas, ressaltando que eles deveriam treinar e cuidar delas. Eu ainda os lembrava de que se faltassem ao nosso compromisso, não teríamos bolinhas para prosseguir o trabalho. Quase sempre os meninos retornavam com as bolinhas. Demonstravam ainda terem zelado por elas e pela oficina, trazendo-as dentro de sacos plásticos que haviam conseguido para guardá-las em segurança.

Se pretendia conquistar sua confiança, era necessário também neles confiar. A responsabilidade pela oficina deixava de ser exclusivamente minha para tornar-se coletiva.

O DESAFIO DOS MALABARES

Os malabares funcionariam como um primeiro pretexto de trabalho. Eu já programava outras atividades que logo viessem a substituí-los. Entretanto, e é sempre bom quando isso acontece, o trabalho me surpreendeu. Os malabares são uma atividade com infinitas possibilidades. O jogo das três bolinhas, durante um bom tempo permaneceu como atração principal do nosso circo.

Antes de tudo, ressalto a simplicidade do jogo. Não exige espaços e equipamentos especiais. Não nos traz riscos excessivos. E é divertidíssimo! Quem nunca se sentiu desafiado em controlar as bolinhas no ar?

O desafio, aliás, me foi bastante útil na atração de adolescentes para a oficina. Constantemente eu os desafiava ao jogo: "Eu duvido que você consiga fazer isso com uma bolinha!". Ou: "Com uma bolinha até que é fácil, eu quero ver com duas!". Finalmente: "Eu não acredito! Será que ele vai ser capaz de jogar três bolinhas já no primeiro encontro?" Logo era estabelecido um jogo em que eu os desafiava e eles respondiam com tentativas de jogar as bolinhas para o alto. Mas não só. Também inventando novos truques e me desafiando a imitá-los. O desafio, mote de crescimento típico da adolescência, foi uma importante descoberta. Porém, era sempre necessário estar atento para que eu os desafiasse a truques que pudessem realizar nos primeiros encontros. Meu objetivo era estimulá-los a retornar ao trabalho e, por isso, era preciso criar uma atividade prazerosa, sustentada na capacidade de realização e não no insucesso. Assim, além de desafiar, foi útil sempre ressaltar as conquistas de cada um no trabalho.

### RELIGANDO-SE A SI MESMO

Conforme conquistavam a realização de truques, os meninos sentiam-se ainda mais desafiados. Até que já não era necessário que eu os desafiasse; as bolinhas já faziam isto. Quem já se entregou à tentativa do malabarismo sabe do que eu estou falando. Há um momento em que o jogo das bolinhas nos motiva, por si, a aperfeiçoar o nosso jogo.

Cada vez mais, alguns dos meninos jogavam com as bolinhas e não mais comigo. Nessa época era comum ver meninos que, durante a oficina, conversavam com as bolinhas. Ora pedindo ajuda: "Dá uma força, bolinha!" Outras vezes, pedindo-lhes um pouco mais de compaixão (às vezes os erros são enlouquecedores): "Por favor!". Ou ainda dirigindo-se imperativamente: "Eu vou conseguir!" As conversas dos meninos com suas bolinhas não eram só engraçadas. Eram também as primeiras transformações que eu podia ler no seu comportamento. As bolinhas não são nada além de bolinhas. Todos sabiam disso. Ninguém esperava que, ao conversar com a bolinha, ela respondesse. Nas suas mãos, uma meia velha preenchida com alguns grãos. Apesar de esses pequenos amontoados de tecido jamais responderem ao que diziam os meninos, eles não desistiam de convencê-las a fazer o melhor por eles. Se as bolinhas jamais respondiam, por que os meninos não paravam de conversar? A resposta é óbvia: não falavam com as bolinhas, mas consigo mesmos! Quando pediam ajuda da bola era a si mesmos que acessavam.

Isso me fez perceber uma importante possibilidade de trabalho dos malabares: ao exigir concentração, o malabarismo estimula nossa capacidade de nos ligar a nós mesmos. "Eu vou conseguir! Eu vou me concentrar em mim e vou conseguir!", dizia um dos meninos. O malabarismo parece materializar algo que é extremamente subjetivo. A partir de uma tarefa simples, manter três bolinhas no ar, os malabares objetivam nosso contato com o que nos é próprio: o corpo, as sensações, a capacidade de concentração, nossas facilidades e dificuldades de coordenação.

Nem é preciso dizer da importância da delimitação de um espaço que é puramente contato consigo. Vivendo na urbe tendemos a concentrar nossa atenção para o que está fora de nós: a propaganda do *outdoor*, os luminosos de *néon*, a violência, etc. Os malabares, ao contrário, exigem de quem o pratica que esteja atento estritamente ao seu corpo. Assim, a oficina de circo, concretiza um espaço de *religar-se a si mesmo*.

## DO PRAZER DA DROGA AO PRAZER DO JOGO

João entregava-se plenamente ao malabarismo. Não por acaso adverbio sua entrega: realmente seu envolvimento era total. Disso resultou que, pouco a pouco, a oficina começasse a ser permeada por profundos processos de autotransformação. O circo exigia que o adolescente alterasse sua rotina diária e suas relações corporais. Estimulava, assim, a vivência de novas sensações.

As experiências de deixar as bolinhas sob o cuidado dos meninos apresentavam-se como uma ferramenta útil quando os adolescentes pareciam pedir ajuda para se responsabilizarem por si mesmos. Sempre que retornavam à oficina trazendo as bolinhas, era constatada uma melhora da sua técnica de malabarismo. Disso facilmente se concluía: haviam treinado nos espaços fora da oficina.

Porém, começou a chamar minha atenção o fato de que, mesmo quando ficavam sem as bolinhas, evoluíam as suas capacidades de jogo de malabares. Ora, o malabarismo é fundamentalmente coordenação motora. Ninguém aperfeiçoa sua capacidade motora sem treiná-la. Ninguém aperfeiçoa o malabarismo sem treino. Os meninos, mesmo sem as bolinhas, continuavam treinando.

Intrigado com as possíveis reinvenções dos malabares que os adolescentes estariam fazendo, eu os questionei sobre o que usavam no lugar das bolinhas. A resposta foi surpreendente: pedrinhas do trilho do trem.

Pode parecer uma resposta pouco importante: os meninos apenas substituem bolinhas por pedras. É muito mais do que isso. Não são pedras quaisquer, mas pedras do trilho do trem. Para entender o que isso significava, foi necessário que eu conhecesse minimamente a realidade da vida dos meninos que passavam pelo circo. O trilho do trem (Campinas tem um grande complexo ferroviário desativado parcialmente utilizado para atividades culturais) é o local onde os adolescentes fazem uso de drogas. Disso, algumas conclusões eram possíveis:

- os malabares já eram praticados no local que se destinaria ao uso de drogas; no mínimo, o adolescente já tinha no malabarismo uma opção ao seu uso.

- os adolescentes adiavam o uso de drogas, treinando antes do consumo — difícil acreditar na prática de malabares simultânea ao uso de drogas; os malabares exigem precisão e concentração, o que não combina com nenhuma droga.

- ou, ainda, os adolescentes drogavam-se menos para poder continuar treinando. Nas duas últimas hipóteses, podia-se considerar um importante processo de redução de danos.

Como já estabelecia relações próximas com alguns dos meninos, decidi conversar com os próprios adolescentes sobre isso, especialmente com o João. Dele, eu ouvi que, de fato, quando pensava em treinar malabares, ele evitava usar *crack*. Segundo ele, o consumo da droga não permitiria a concentração necessária para o treino. Ele ainda disse que se queria treinar malabares só usava maconha. Finalmente, disse que percebia que tinha nos malabares uma arma poderosa contra o vício da droga e que chegava a imaginar que eu treinava a seu lado a fim de prosseguir por mais tempo sem uso de *crack*.

Na falta de bolinhas, João inventava malabares com pedras. Ressignificava o local de uso de droga. Sozinho, João imaginava presenças. Na falta, reinventava-se.

Que, ao apresentar *Agora e na Hora de Nossa Hora*, eu possa também fazer o mesmo: dialogar com os que se ausentam na cena e me descobrir outro.

Para João, o trabalho revelava uma profundidade dificilmente mensurável. Para ele os malabares poderiam desdobrar-se em inúmeros processos.

Profissionais da psiquiatria e da psicologia ajudaram a entender o que acontecia:

- Os malabares são opção prazerosa ao prazer da droga.
- Ao favorecer a concentração exclusiva em si, os malabares, como a droga, favorecem o jogo de afastamento temporário da realidade.
- Ao reinventar os malabares com pedras e com outros objetos, o adolescente exercita o jogo lúdico de ver o cotidiano com olhar diferenciado, assim como quando está em uso das substâncias psicoativas.

O jogo dos malabares, pouco a pouco, funcionava como opção ao uso de drogas. Isto, é válido lembrar, sem a necessidade do discurso moralista. O uso de drogas constitui um prazer para estes meninos. Isto é uma verdade. Sem negá-la, apresentava-se outra possibilidade lúdica de prazer: bolas ao alto!

## SÚBITO, O SILÊNCIO

Os resultados da oficina só foram possíveis por conta de um começo despretensioso, pautado exclusivamente na vivência de um processo. Eu não pretendia tirar meninos das ruas. Não almejava reduzir danos do consumo de drogas. As pretensões da oficina eram modestas: proporcionar a vivência da linguagem circense. Arrisco-me a afirmar que sem essa despretensão não se teria chegado a lugar nenhum. É provável que, se eu me tivesse enchido de expectativas, criado planos para cada um dos meninos, o trabalho se tornasse ansioso e logo eu caísse no equívoco que é comum nas ações sociais: querer atirar verdades às pessoas. Lançando-me, junto com os meninos, no que não sabia, foi possível que cada um encontrasse um real significado do circo nas suas vidas.

Conforme a oficina motivava transformações pessoais (redução do consumo de drogas, melhoras das capacidades de concentração e autodisciplina, até mesmo a notícia de meninos que pretendiam sair da rua) era necessário que eu me mantivesse despretensioso na condução dos trabalhos: verificar resultados e não me adiantar na previsão de processos de crescimento. Era fácil cair no erro de achar que sabia o melhor que poderia acontecer.

E, de fato, eu caí. Motivado pelo que eu via nos processos de alguns meninos, eu quis estender ao maior número possível de adolescentes as conquistas que alguns mostravam serem possíveis. Assim, eu conversava com participantes dos trabalhos, procurando estimular, em todos, processos análogos aos observados em determinados meninos.

Evidentemente, isso foi um fracasso. Os processos de crescimento só são possíveis se baseados na experiência individual. Disso, facilmente se percebe a impossibilidade de querer estender para outros a vivência de um adolescente específico. Por vezes eu tentei, por exemplo, estimular os malabares como ferramenta útil na redução de consumo de drogas. Isso era inútil. As transformações dos adolescentes eram viáveis quando sustentadas no prazer, na capacidade de realização. Ao estimular nos adolescentes a percepção dos malabares como arma para evitar o consumo de drogas, acabava a possibilidade de prazer: o malabarismo já não era pura e simplesmente jogo lúdico, mas ferramenta para evitar o prazer da droga; de cara, os malabares já representam perda de prazer.

Foi preciso que eu lembrasse a mim mesmo que o circo, *a priori*, não serve para absolutamente nada. Nada além do prazer do jogo. Jogar bolinhas para o alto não nos leva a lugar nenhum, não tem, em si, sentido utilitário. O circo não serve para nada. Aí está a sua graça. Satisfazermo-nos com o nada que somos e reconhecer a liberdade que há nisso: o poder ser tudo!

Se em algum momento eu me equivoquei na condução dos trabalhos, os adolescentes que participavam da oficina acabaram por me devolver aos seus princípios de atuação. Subitamente, alguns dos adolescentes que eu julgava passar por intensos processos de transformação afastavam-se das atividades. Reconheço que esses períodos de afastamento pareceram-me angustiantes porque incompreensíveis. Eu não entendia exatamente o porquê do seu afastamento se, na oficina, aparentemente sentiam grande prazer em realizar as atividades.

Este é o momento, por que passa todo educador comprometido com o seu trabalho, em que são abaladas todas as certezas. Já não se sabe o que fazer. Também se ignora o sentido da atuação. Houve momentos em que eu considerei que o trabalho se desgastara prematuramente. Assim, eu revisava o trabalho a fim de levantar os momentos em que a minha condução falhara. Se eu tivesse desistido naquele momento, este livro trataria do fracasso, de tudo o que poderia ter acontecido e não mais aconteceria. Possivelmente eu nem tivesse a generosidades de escrever algumas páginas para reconhecer publicamente: não deu.

Mas, tão súbito quanto o afastamento dos meninos, era o seu retorno. Os meninos, mais cedo ou mais tarde, acabavam retornando ao trabalho. Isso, no mínimo, representava um interesse em continuar a se desenvolver no jogo circense. Mais uma vez os malabares ajudavam a alimentar esta certeza: quando voltavam, os meninos mostravam ainda mais seguro o seu jogo; mesmo afastados da oficina, os meninos continuavam a treinar.

Mais uma vez, era preciso que eu lembrasse que meu trabalho deveria limitar-se a criar condições para que o aprendizado fosse possível. Os meninos — invencíveis na sua força de vida! — mostravam que aprendiam de maneira diferenciada em relação às que eu esperava. Não se tratava de corresponder às minhas expectativas, mas de crescer por si e para si.

Assim foi com João. Quando eu mais esperava a sua presença assídua nas oficinas, ele me comunicou que viajaria para a praia, afastando-se do Craisa. Durante algumas semanas não o vi. Na sua volta, contou que esteve na praia, em Santos, porque queria conhecer o mar. Já na sua chegada, ele fez questão de apanhar algumas bolinhas para me mostrar que havia treinado no período em que estava na praia e que sua técnica havia evoluído. Lá ele encontrara conchas redondas, "perfeitas para os malabares". Mais do que isto, ele contou que havia trazido seis destas conchas, três para ele e três para mim.

João não foi o único que se afastava por algum período e, no seu retorno, mostrava que de alguma maneira o trabalho havia prosseguido. Ao contrário, casos como este foram recorrentes. Eu precisei aprender que os adolescentes que participavam da oficina sabiam aprender não só no espaço na oficina, mas também fora dela.

## O MAIOR ESPETÁCULO DA TERRA: A SUTILEZA

O circo é o espetáculo em que o incrível se apresenta: a mulher barbada, os trapezistas voadores, o mágico, o domador de leões. O circo é a revelação de que o impossível é possível.

Realizando uma oficina alicerçada na linguagem circense, era de se esperar resultados tão incríveis quanto os do espetáculo do circo. Não foi o que aconteceu. Evidentemente, os adolescentes aprendiam e desenvolviam suas habilidades circenses — aliás, com facilidade impressionante! Entretanto, não trabalhávamos com a perspectiva do circo propriamente dito. Não tínhamos equipamento nem espaço apropriados para isso. Nosso trabalho sustentava-se no brinquedo circense e no jogo do circo. Desenvolvendo atividades simples, estudávamos materiais, improvisávamos soluções, inventávamos um circo que se construía não fora, mas dentro de nós. Assim, ainda que os meninos aprendessem um pouco de técnica de circo, os resultados do trabalho não estavam neste aspecto. Não se deveria procurar nosso circo na infra-estrutura, que não existia. Também não se encontraria nosso circo na formação de artistas circenses. Invisível, mas solidamente, ele se construía não aparentemente, mas essencialmente. Sem os limites das construções de pedra, poderíamos construí-lo ao infinito.

Da habilidade de jogar bolinhas, João desenvolvia outras habilidades. Seu treino de malabares evoluía. Seu jogo era cada vez menos ansioso. João era também, ele mesmo, menos ansioso e mais seguro de si. Ele estava mais concentrado para as atividades e o seu sorriso demonstrava que ele treinava com muita alegria.

Não demorou para que João se tornasse uma referência para outros meninos do Craisa. Durante um almoço, outro adolescente, o Tadeu, entrou no refeitório. Como era seu costume, chegava agitado e respondendo rispidamente a todos. No refeitório, também estava o Daniel, que ligou o rádio num volume muito alto. A Elvira, educadora social que acompanhava as refeições, pediu que o som fosse desligado. Ele a ignorou. Depois, foi e vez do Tadeu pedir para "almoçar sossegado". O Daniel, irritado o ameaçou. O João, que até então observava a situação interferiu, pedindo: "Oh, Daniel, na humildade, abaixa o som, por favor". Seu pedido foi prontamente atendido.

Mais tarde, a Elvira contou que atitudes como esta do João eram freqüentes. Ele parecia saber conversar com cada um dos meninos, às vezes gentil, às vezes duro, mas sempre eficiente no que desejava alcançar. O João, como um auxiliar dos educadores, começava a assumir uma postura de educando-educador.

Além de um controle seguro sobre as três bolinhas, João já realizava pequenos truques. Era lindo ver que esta evolução técnica vinha sempre acompanhada de um processo análogo de transformação interior. Ele estava mais bonito, tinha engordado, usava sempre roupas limpas e acessórios, como boné e correntinha. Ele conseguiu até uma casa para morar: uma residência que ele tinha invadido e onde fora autorizado pelo dono a ficar e tomar conta, como um caseiro.

Em outro dia, o João apareceu no Craisa "apenas para dar um ôi". Convidado a tomar um banho, ele recusou: tinha casa para isso. Os educadores insistiram, perguntando como ele tomava banho em casa. Ele respondeu que usava uma lata. Foram oferecidos, então, os chuveiros quentes do Craisa. Ele voltou a recusar a oferta: "Banho eu tomo em casa. Só passei para dar um ôi".

O TRABALHO MULTIPLICA-SE

Numa conversa que tivemos ao final de uma das oficinas, João contou que deixara de usar drogas e que pensava na vida de maneira a "ser um homem certo e feliz". Ele contou também que gostaria muito de ser um monitor de capoeira e malabares (as coisas que ele mais gostava de fazer). Diante de tamanho entusiasmo, eu o convidei para ser meu assistente. Proposta aceita imediatamente.

Segundo os educadores do Craisa, a possibilidade de me ajudar na oficina realmente o estimulou, de maneira que nos dias que se seguiram à minha proposta, ele treinou bastante e afirmava: "Agora, eu ajudo o Duda" — assim, pelo apelido, me chamam os adolescentes.

Assim, eu aguardava ansioso a sua primeira participação como assistente. Entretanto, naquele que seria o nosso primeiro dia de trabalho conjunto, ele não apareceu. Diante de uma forte chuva que caiu, ele precisou ir embora para salvar o seu "mocó". A casa em que ele estava teve de ser devolvida ao proprietário. Apesar disso, ele não parecia ter desanimado do seu processo de mudança. Ao contrário, construiu uma cabana no trilho do trem, onde pudesse morar.

Não bastasse tudo isso, ele ainda começou a cuidar de Alberto, menino de dez anos também atendido pelo Craisa. João "toma conta dele, e não deixa ele usar nenhuma droga". Tomar conta do Alberto é, antes, tomar conta de si mesmo; não permitir que o menino use drogas é também não fazer uso dela. No "mocó" de João, Alberto tem lugar garantido.

No encontro seguinte, João apareceu trazendo também o Alberto. Ele estava bastante concentrado nos trabalhos, empenhando-se do começo ao fim da oficina. Ao fazê-lo, ele estimulava o Alberto a também se concentrar. Aproveitei que a oficina contava com a participação apenas dos dois para deixar que o João conduzisse parte dos trabalhos. Era curioso observar o diálogo que se estabelecia entre os dois. Para o menino mais novo, o João era referência. E o menino mais velho esforçava-se para corresponder às expectativas do pequeno: treinava e também o auxiliava no seu trabalho, indicando e corrigindo movimentos, apoiando-o quando não conseguia realizar algum truque. O Alberto era até mais atento às indicações do João do que às minhas próprias indicações.

Neste clima a oficina correu até o final.

Vale registrar um diálogo, iniciado pelo Alberto:

— Duda, eu vou ser o segundo, não é?

— Que segundo? — perguntei.

O João logo interrompeu a conversa:

— Não, eu falei que na capoeira você ia ser o segundo.

— O segundo o quê? — eu insisti.

— O segundo Duda — inteirou rapidamente o João.

Curioso o diálogo dos dois porque minha relação com Alberto ainda era pouco desenvolvida. Na verdade, o Alberto aproxima-se da oficina mais pela relação que tinha com o João; menos pelo interesse específico nas técnicas circenses e menos ainda pela relação afetiva que ele tinha comigo. Diante disso, por que ele gostaria de ser o "segundo Duda"? Seria o João o "primeiro Duda"?

Eu, como educador, expliquei:

— Olha, todo mundo que quiser pode ser malabarista, mas ninguém além de mim pode ser o Duda.

Apesar das explicações, não é de estranhar que, em fase de crescimento, os meninos elejam seus modelos. Como educador não podia estimulá-los a negarem a si mesmos para procurarem ser outras pessoas. No entanto, sei que, muitas vezes, é procurando imitar alguém que descobrimos quem realmente somos.

Assim seguiram-se algumas semanas. João já era apresentado e reconhecido, no Craisa, como assistente da oficina de circo. Os outros adolescentes respeitavam-no e ouviam suas indicações técnicas de malabares. No dia em que me atraso por conta das reuniões de equipe do projeto, é sob a liderança de João que outros quatro adolescentes organizam o espaço e iniciam o trabalho antes mesmo da minha chegada.

Até que um dia, João não estava mais no Craisa. No seu lugar um bilhete: ele dizia que, apesar de saber que eu sentiria a sua falta, ele voltaria para casa, não queria mais ficar na rua; despedia-se com um abraço e um aperto de mão e assinava um adeus como o "monitor João".

## QUANDO A REALIDADE SE IMPÕE AO SONHO

Seria maravilhoso poder encerrar o relato assim: o menino voltou para sua casa e viveu feliz para sempre. Entretanto, não foi isso o que aconteceu. Passados aproximadamente dois meses, João estava de volta ao Craisa, decidira, novamente, voltar para a rua. Nunca foram claros para mim os motivos do seu retorno à rua. Falou-se em muita coisa: problemas com o padrasto; o Conselho Tutelar que vigia cada um de seus passos (não pode dançar no forró porque é menor de idade; não pode conversar com moradores de rua porque são más influências); dificuldade de readaptação à vida "sedentária"; até a possibilidade de ele estar gravemente doente foi levantada. Nunca soube dele mesmo o que aconteceu em sua estada na sua cidade de origem.

De volta à rua, retornavam antigos problemas. João voltava a consumir *crack*. E muito! É comum que nas suas recaídas, os meninos passem a usar ainda mais drogas do que usavam antes. Sua pele voltou a escurecer. Andava permanentemente sujo. Também voltou a ter problemas de sociabilidade, relacionando-se de forma agressiva com adolescentes e educadores, especialmente comigo, como nunca fora antes.

João parecia convencido de que não conseguiria ser feliz em sua cidade de origem. Na rua não encontrava outras possibilidades de mudança. Eu sabia que os malabares tinham papel fundamental nos processos de crescimento de João. Não se sentiria ele traído por mim? Apresentei-lhe uma atividade que lhe dava muito prazer e que o ajudou a crescer muito (o que é claro na diminuição e depois abandono do uso de *crack*). Mas ele parecia já não encontrar espaços para seguir seus processos de crescimento.

O projeto "Gepeto" tem como um de seus objetivos o estimulo à capacidade de sonhar. Objetivo realmente alcançado pelo João (lembro os desejos de se transformar em monitor, chegou a falar em construir uma casa para atender outros meninos em situação de rua). Mas o que acontece quando estes sonhos não podem ser concretizados? Se sonham e não vêem possibilidade de mudança ainda sentem sua auto-estima abalada, já que é reforçada a idéia da sua incapacidade para tudo. A oficina deve ser porta de entrada para a transformação, mas é preciso criar estruturas que efetivamente tornem possível essa mudança. Sonhar não custa nada, desde que estes sonhos sejam possíveis no plano real. Senão, custa. E custa caro demais!

Depois de aparecer por mais algumas semanas no Craisa, João afastou-se por um bom tempo.

### RECOMEÇO

Quando um educador se dedica por longos períodos a um trabalho, experimenta sensações diversas: a alegria pelas pequenas conquistas; a frustração pelo muito que não consegue desenvolver; medo da responsabilidade por aquilo que cativa em seus educandos. Por diversas vezes eu pensei em desistir. Isso é comum para muitos educadores. Entretanto, com educadores que trabalham com meninos em situação de rua é bastante freqüente o desejo de parar tudo. Raros são os que conseguem ter um acompanhamento psicológico, uma exigência da intensidade do trabalho. Se nunca bastam os recursos para o atendimento aos próprios meninos, o que se dirá de utilizá-los no fortalecimento dos educadores? Muito se fala dos menores abandonados. Penso que há também um certo abandono dos educadores que com eles trabalham.

O momento do retorno de João às ruas é momento que exige desistência. Felizmente, houve quem me pedisse um pouco mais de insistência. O trabalho na educação não formal de meninos em situação de rua não se limitava ao trabalho com os próprios adolescentes; era estendido aos outros atores sociais que com eles interagem. Se eu de fato quisesse contribuir para os processos de transformação não só dos meninos, mas também das estruturas sociais, era preciso persistir no trabalho. Neste momento, foi inestimável o apoio de Felix Del Cid, coordenador da Acadec. Graças ao seu olhar generoso eu consegui prosseguir trabalhando.

Nessa época, foi muito útil poder registrar angústias num diário de trabalho. O diário foi companheiro em todos os momentos. Em suas páginas, os registros das atividades desenvolvidas, dos resultados, das informações sobre a vida dos meninos, das reflexões. Este livro só foi possível porque pude refrescar a memória relendo anotações.

A intensidade das vivências ao lado dos meninos de rua me motivou a estender o meu trabalho como arte-educador, ao trabalho como artista-educador. Assim, além de persistir na manutenção das oficinas de circo, como ator, eu desenvolvi um espetáculo em que os meninos em situação de rua são representados. Próximo à estréia de *Agora e na Hora de Nossa Hora*, eu organizava o material gráfico de divulgação. Na redação de textos para o programa do espetáculo, uma dedicatória ao João, "pela coragem de viver as ambigüidades todas da rua".

No dia em que o programa está impresso, João retorna ao Craisa. Crescera, sua voz mudara, preparava-se definitivamente para se tornar um homem. Ele aproxima-se da oficina, apanha um par de pernas de pau, e se ergue sobre elas. Nenhum dos outros meninos que participavam da oficina, tinham tido, até aquele momento, desprendimento para, sobre as pernas de pau, abandonar o apoio do muro e caminhar. João, na primeira tentativa, caminha. Do alto da perna de pau, ele comunicava uma certeza: poderia faltar-lhe tudo na vida, jamais faltaria coragem!

# A HORA
# DOS BRINQUEDOS CIRCENSES

Na ausência total de recursos e equipamentos, tivemos de reinventar, dentro de nós mesmos, o circo. Se não havia lona, inventávamos picadeiro com tecido vermelho. Se, inicialmente, não havia perna de pau, inventávamos desafios com latas de extrato de tomate. Se não havia equipamentos, equilibrávamos cabos de vassoura. Onde não havia possibilidade material, inventamos que haveria o circo.

Foi desenvolvida, assim, uma série de atividades usando recursos poucos. Foi criado um circo de brinquedos, feitos de sucata, fita crepe, bexiga.

Aqui, apresento alguns dos brinquedos circenses usados nas oficinas. Alguns criados na realização dos trabalhos. Outros aprendidos de outros arte-educadores.

**MALABARES**

As primeiras bolinhas que confeccionei com os adolescentes eram de bexiga cheia de farinha. Logo percebi

# a hora dos brinquedos circenses

que este modelo não funcionava: na rua, policiais tomavam as bolinhas dos meninos alegando que dentro da bexiga poderia haver cocaína. Vejam só que imaginação! Meninos usando cocaína, em plena luz do dia, no terminal de ônibus da cidade, para fazer malabarismo. E usando não pouca, mas muita cocaína; o suficiente para encher três bolinhas de malabares. As bolinhas mais caras do planeta!

Por isso, os meninos não conseguiam treinar fora do espaço do Craisa. Assim, logo substituímos as bolinhas de bexiga e farinha por outras feitas de meia e areia. Estas novas bolinhas tinham o peso certo, um bom tamanho, uma textura boa. Entretanto, apresentavam um problema: não eram impermeáveis e, por isso, sujavam muito facilmente.

Finalmente chegamos ao modelo que apresento, aqui:

1. Com a ajuda de um funil, encha uma bexiga com semente para passarinho.

2. Quando achar que a bolinha está de bom tamanho, dê um nó na ponta da bexiga.

3. Corte a ponta de outras quatro bexigas.

4. Reforce a bolinha envolvendo-a com as bexigas cortadas.

5. Se achar que a bolinha ainda ficou frágil, você pode envolvê-la com outras bexigas.

6. A Elvira, educadora do Craisa, deu uma idéia muito boa: no lugar de encher uma bexiga para fazer a bolinha, encha uma meia fina feminina. Assim, se por acaso a bexiga romper-se, os grãos não se espalham pelo chão. Pode-se também usar sacos plásticos no lugar das meias.

a hora dos brinquedos circenses

## JOGOS COM BASTÃO

Esta é uma série de atividades usando cabo de vassoura.

1. Equilíbrio de bastão
Com a palma da mão bem aberta, procure equilibrar o bastão. Fica mais fácil se a mão ficar paralela ao solo e o bastão paralelo à coluna.
Experimente equilibrar o bastão em outras partes do corpo: as costas das mãos, os pulsos, o antebraço, os cotovelos, a testa, o queixo.

2. Jogo em roda
Os jogadores posicionam-se, em roda, segurando, com um único dedo, um bastão perpendicular ao chão. Ao sinal do líder do jogo, todos abandonam o seu bastão o mais perpendicular possível e correm para pegar o bastão do jogador que está a sua direita, antes que o bastão caia no chão.
Conforme os jogadores ganham segurança, pode-se variar o lado do deslocamento, para a direita ou para a esquerda. Pode-se também dispensar o sinal do líder: quando ele mover o corpo, todos se deslocam. Finalmente, pode-se eliminar o líder: quando qualquer um dos participantes se move, todos se movem.

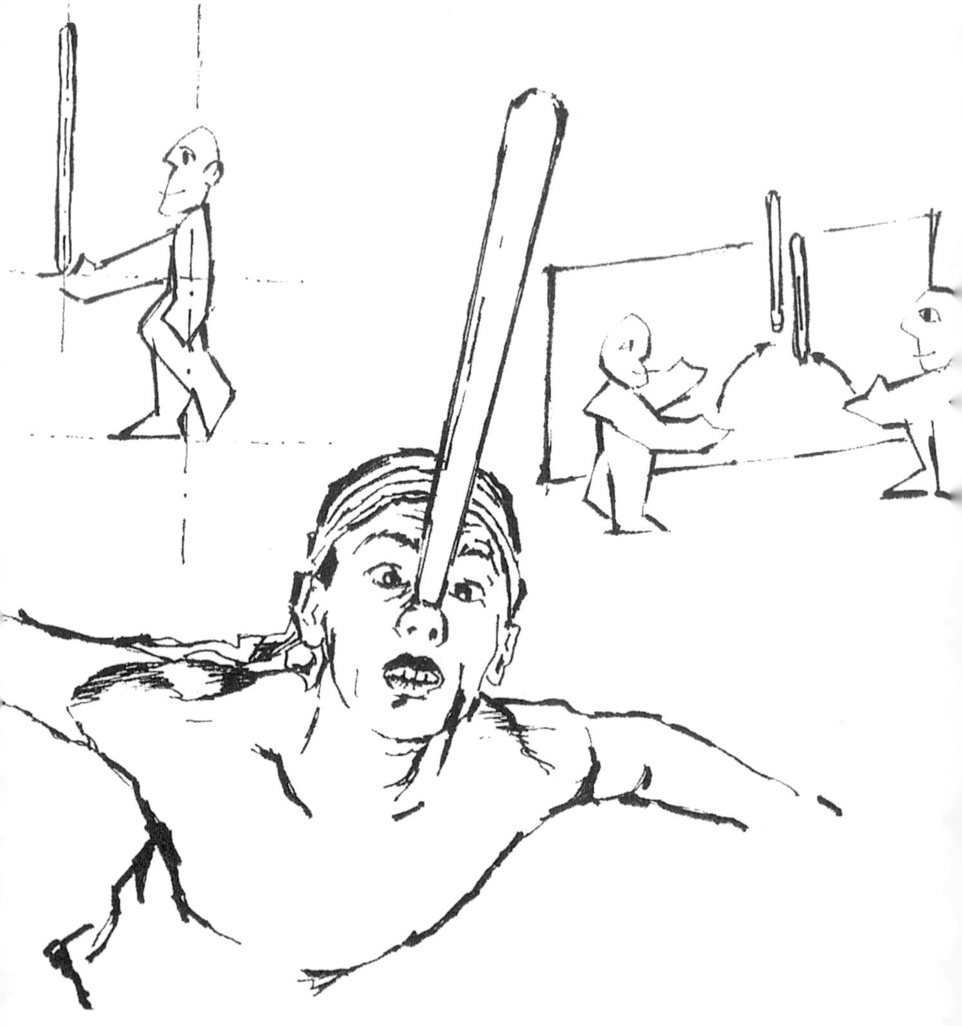

3. Lançamento de bastão
Com os jogadores em roda, um bastão é lançado de um participante para outro. É bom atentar para um bom lançamento e para uma boa recepção do bastão. Como é uma atividade que envolve algum risco, todos permanecem concentrados.
Conforme se ganha segurança, pode-se acrescentar outros bastões, jogando dois ou três bastões ao mesmo tempo.

## BARANGANDÃO ARCO-ÍRIS

Esta brincadeira eu aprendi com o Adelsin (veja as indicações de leitura no final do livro).
1. Dobre uma folha de jornal até ficar bem pequena.
2. Faça um sanduíche com o jornal, colocando dentro tiras de papel crepom.
3. Amarre bem com barbante ou fita crepe.
4. Amarre um barbante com um fio longo.

Gire o seu barangandão arco-íris. Jogue para cima, apanhe-o de novo. Tente girar dois barangandões ao mesmo tempo.
Os adolescentes do Craisa inventaram de fazer um barangandão com fio bem comprido. No centro de uma roda, um deles gira o barangandão, paralelo ao chão. Os outros saltam, sem deixar o fio tocar em suas pernas.

## PATA DE CAVALO

As patas de cavalo são um ótimo exercício de iniciação à perna de pau. Quando ainda não tínhamos pernas-de-pau, só mais tarde emprestadas para a realização das atividades, usávamos o desafio das latas.

1. Faça dois furos em duas latas grandes (usávamos grandes latas de molhos de tomate).

a hora dos brinquedos circenses

2. Passe um barbante pelos furos fazendo um nó na ponta.

3. Agora, é só andar equilibrando-se sobre as latas.

4. Experimente fazer as patas de cavalo usando elástico. Assim, as mãos ficam livres. Dá para fazer malabares sobre as latas.

# REVENDO O PASSAR DAS HORAS

O projeto "Gepeto — Transformando Sonhos em Realidade" objetiva a diminuição da vulnerabilidade de crianças e adolescentes em situação de risco social a partir de atividades artístico-culturais que estimulem a autoestima, o prazer e a capacidade de ser feliz.

A fim de que a oficina de circo contribua para o alcance dos objetivos delimitados pelo projeto geral, desde o início dos trabalhos, além do desenvolvimento das oficinas propriamente ditas, também integram as suas atividades um planejamento semestral e uma avaliação ao final de cada período. E, nesta avaliação das atividades, busco delimitar alguns indicadores. Ainda que estes indicadores nunca possam ser tomados como valores absolutos (sempre pedindo revisão e aperfeiçoamento das formas de avaliação), é necessário buscá-los. Só assim é aprofundada a atuação com os meninos e as oficinas não ficam restritas a práticas aleatórias. Ainda que eu tenha a certeza de que, ao reler estes indicadores daqui há algum tempo, já os terei como insuficientes para a realidade do trabalho, arrisco-me na sua delimitação.

A pergunta básica a que me proponho, na avaliação das atividades circenses, é: a oficina de circo contribui para o cumprimento dos objetivos do projeto "Gepeto", ou seja, a atividade circense contribui para o estimulo da auto-estima, do prazer e da capacidade de ser feliz dos adolescentes que participam das oficinas?

Os objetivos a que se propõe o projeto "Gepeto" incluem metas com alto grau de subjetividade, como o estímulo à "capacidade de ser feliz". Não pretendo iniciar uma complexa discussão sobre o sentido de *felicidade* ou de *auto-estima*, tarefa mais grata à psicologia e à filosofia. Aceito, aqui, a premissa de que a subjetividade dos objetivos do projeto materializa-se em ações concretas dos seus participantes: como atesta a psicologia, de um lado, a análise das ações do sujeito revelam suas motivações psíquicas e, de outro, o sujeito *em ação* mobiliza *energia psíquica transformadora*; da transformação à ação e da ação à transformação. O projeto "Gepeto" é, sobretudo, um projeto de transformação. Seu título anuncia transformação do sonho em realidade. O sonho, energia psíquica por excelência, transformado em ação real.

Nas avaliações das atividades de circo coloco-me no rastro destas ações concretas para mensurar a sua potencialidade de cumprimento dos objetivos do projeto "Gepeto". Neste capítulo, algumas destas ações são descritas.

### PLANEJAMENTO DAS ATIVIDADES

A experiência do projeto mostra que um planejamento realista das atividades facilita a sua avaliação. Elaborado um correto planejamento, a avaliação pode pautar-se na reflexão de questionamentos simples como: foram alcançados os objetivos delimitados para o período de atuação? As atividades programadas foram realizadas? As que foram realizadas contribuíram para o cumprimento dos objetivos do projeto, ou seja, motivaram ações de transformação dos participantes da oficina? Enfim, a simples elaboração de um plano de ação abre a possibilidade da avaliação de as atividades se pautarem no questionamento da efetividade do planejamento (mudanças, causas, discussões, etc.).

Para isso, como se aconselha em qualquer manual de elaboração de projetos de atuação social, atente-se à necessidade de um aprofundado conhecimento da população atendida, bem como do contexto (social, material, cultural, etc.) em que se dará este atendimento. Isso significa planejar atividades e resultados possíveis de serem alcançados. Um bom planejamento integra uma certa tensão entre o fortalecimento do que já é e o estímulo ao que pode vir a ser.

### NÚMERO DE PARTICIPANTES DA OFICINA

É senso comum que o desenvolvimento de programas com recursos públicos deve ter em conta o número de pessoas atendidas em sua ação: indício de responsabilidade no trato da coisa pública. Sendo a máquina pública destinada à administração de recursos coletivos, espera-se que estes recursos se destinem a atender a coletividade. Com isso, é comum que programas e projetos sociais financiados por instituições públicas sejam avaliados pelo envolvimento quantitativo de pessoas em suas ações.

Baseadas em idéias como estas, desenvolveram-se, no Brasil, muitos programas de atuação social, especialmente na década de 1990. A história mostrou que nem sempre esses programas alcançaram êxito. O envolvimento quantitativo de pessoas em programas sociais nem sempre corresponderam a melhora qualitativa na vida dos envolvidos. A simples existência de um programa e o simples envolvimento de pessoas nestes programas não são capazes, em si, de solucionar as demandas coletivas que os geraram.

A isso se deve acrescer a qualidade de desenvolvimento destas atividades e da participação das comunidades atendidas. Por isso, o projeto "Gepeto", e especialmente a oficina de circo, não restringem sua avaliação aos números de sua atuação (número de oficinas, de participantes, de profissionais envolvidos, etc.). Mais claramente falando: a avaliação dos trabalhos não é pautada exclusivamente no número de meninos que freqüentam a oficina.

Por outro lado, ao se afirmar que os números não garantem o sucesso de um projeto, corremos risco de jogar os programas de ação social nos já conhecidos subjetivismos que muitas vezes justificam o mau uso do recurso público. Não é possível, por exemplo, o desenvolvimento de atividades que não incluam a participação de alguma pessoa identificada como população-alvo de uma ação. Como parte de um projeto sério e responsável, a oficina de circo, ainda que não o tome como valor absoluto do desenvolvimento do trabalho, não despreza o envolvimento quantitativo da população como um importante indicador de avaliação.

Assim, na avaliação da oficina, os números do projeto são levados em conta, mas sempre referenciados por uma perspectiva de contexto no qual esses números são retirados. Esse contexto é dado pelos demais indicadores que são descritos adiante.

## REGULARIDADE

Transitoriedade é uma das características da população de rua. Entre os participantes das oficinas de circo isto é ainda mais evidente (em sua maioria adolescentes em situação de rua): à transitoriedade de quem mora na rua, são somadas outras características típicas da adolescência.

Visto isso, eu considerava, no início dos trabalhos, que a passagem da transitoriedade à assiduidade nas oficinas poderia representar o principal indicador de que a oficina motivava transformações das ações de seus participantes. A continuidade dos trabalhos, entretanto, mostrou que somente o reconhecimento da assiduidade como parâmetro de avaliação pode excluir importantes processos de formação dos meninos e meninas que participam das atividades.

Assiduidade remete à idéia de presença em todos os encontros em que estão marcadas as oficinas — ou pelo menos na maior parte deles. Essa idéia exclui importantes processos que se observava em outros meninos nem tão assíduos. Foi comum observar, por exemplo, meninos que participavam de uma atividade e se afastavam por longos períodos. Ao voltarem, curiosamente, lembravam-se exatamente de detalhes do último encontro e, às vezes, também demonstrando que, ainda que não comparecessem ao trabalho das oficinas, continuavam a desenvolver sozinhos as últimas atividades apreendidas (mostrando, por exemplo, que treinavam malabares ainda que fora do espaço do Craisa, o que confirmavam com a melhora da sua técnica). Isto deixa claro que os processos de aprendizagem desses meninos dá-se de maneira diferenciada da que se espera na educação formal (inegavelmente dominante em nossa sociedade, geradora de expectativas e rígida em certas exigências). Essa talvez seja uma das causas do insucesso de certas tentativas de inclusão de meninos e meninas em situação de rua em programas educacionais: exige-se que se aprenda *o que* e *como* está previsto em um programa, o que é diferente de esperar que se aprenda tudo o que cada um pode aprender e como quer aprender.

Ora, havendo meninos que apresentavam interesse pelo trabalho ainda que não comparecessem assiduamente às oficinas, a assiduidade não poderia ser tomada como parâmetro de avaliação. Outro abria-se: ainda que a presença desses meninos não fosse constante, a importância da oficina para a sua vida era demonstrada pelo seu simples retorno às atividades (com maior ou menor intervalo de tempo, a maior parte dos meninos acaba retornando ao trabalho). Mais do que assiduidade, *regularidade* parece um critério mais preciso para avaliação das atividades com esses meninos.

Um deles, por exemplo, apresenta-se às atividades praticamente uma vez por semestre. O que, em princípio poderia ser lido como falta de interesse (falta de assiduidade), pode, na verdade, revelar a importância da sua participação: o menino, ainda que semestralmente, apresenta presença regular na oficina! Sua presença não é assídua, mas é regular — semestralmente ele comparece. Idéia reforçada pelos indícios de que, mesmo distante, o menino continuava trabalhando os conteúdos apresentados no último encontro em que comparecera: memória e melhora da sua técnica circense. Em cada presença, este menino fazia questão de levar consigo algo que o remetesse à atividade do dia; materialmente, o trabalho era levado como ele. No dia em que os meninos confeccionavam bolinhas de malabares, grande parte deles quis confeccionar apenas duas bolinhas porque, nesse momento, eram capazes de fazer malabares apenas com duas bolas. O menino que comparece menos assiduamente (repito: uma vez por semestre), confecciona quatro! E mais: é o único que leva consigo todas as bolinhas. O menino projeta que pode ir além do que é capaz nesse momento (isso não evidencia, no mínimo, o desejo de conhecer mais do circo do que conhece nesse momento?) e sabe, já quando deixa o espaço da oficina, que demorará a retornar. Sabe, enfim, o que deseja aprender e como deseja aprender.

Regularidade é critério preciso porque revela a dimensão do trabalho para o participante da oficina independentemente da expectativa que como educadores — inseridos em determinado contexto social, cultural e histórico — trazemos conosco.

Por isso, é importante o registro dos participantes de cada dia de trabalho. Nisso incluem-se as participações em tempo integral, outras em menor tempo e também as rápidas passagens pela oficina. Esse registro dá um panorama da história de cada um dos meninos dentro da oficina. Era curioso, por exemplo, ver que meninos que, em princípio, observavam a oficina de longe, pouco a pouco se aproximavam e, não raro, passavam a participar intensa e regularmente das atividades. Somente porque se registrava cada uma das participações era possível, depois, acompanhar o "histórico circense" do menino. Agora se a presença assídua do adolescente é critério discutível, a presença assídua, contínua e, sobretudo, disciplinada do educador é indispensável. Para que se abra a possibilidade de o menino retornar a cada afastamento, é importante que ele saiba que no seu retorno vai encontrar a manutenção das atividades. É importante também que, ainda que ele não compareça à atividade, ele saiba que não participa da oficina porque não quer: a oficina está acontecendo e ele escolheu dedicar-se a outra atividade. A capacidade de escolha é aspecto fundante da formação do sujeito. A manutenção de educadores e de horários das atividades por períodos prolongados de tempo parece ser importantes elementos pedagógicos na formação dos participantes do projeto. Assim, a assiduidade do arte-educador pode ser também um importante parâmetro de avaliação das atividades.

### NÍVEL DE COMPLEXIDADE DOS EXERCÍCIOS

O resultado mais evidente (também o mais óbvio) das oficinas consiste no simples aprendizado do jogo circense. Ou seja, os meninos passam a ser capazes de realizar exercícios circenses que antes não faziam.

O que é óbvio pode revelar o que não é tão óbvio assim. Como demonstram as teorias de relação entre corpo (dimensão material do ser), espírito (pensamento) e alma (emoção), os movimentos externos do corpo correspondem a movimentos internos. Assim é o trabalho de François Delsarte, francês que no século XIX elaborou um importante sistema de entendimento do corpo, influenciando todas as artes que têm na capacidade expressiva do corpo seu fundamento. Se há uma saída para a alma e espírito através do corpo é possível, aplicando o caminho inverso, que o corpo seja porta de entrada para a dimensão interior do ser.

Nisso reside a força do circo e de todas as artes cênicas como ferramenta de educação e de transformações pessoais e de relações interpessoais/sociais. O circo atua diretamente na dimensão corporal/material. Ao pôr o corpo em ação, de imediato melhoram as capacidades de concentração e coordenação motora. Com a continuidade dos trabalhos, aumenta o nível de dificuldade técnica dos exercícios, exigindo maior grau de complexidade de relações corporais e psíquicas. Quanto mais avança o menino no seu aprendizado técnico, mais se observam transformações em seu corpo e, sobretudo, maior é o seu interesse em aprender.

Foi comum observar mudanças de postura dos participantes da oficina, atentando, por exemplo, ao paralelismo dos pés (a base do corpo) e à colocação das vértebras da coluna (eixo). Ao se transformarem a base e o eixo, as transformações do corpo são acompanhadas por transformações análogas do ser como um todo. Transformar a postura, aqui, não tem sentido restrito ao corpo; é entendido em sentido amplo, estendendo-se à metáfora de mudança de atitude diante da vida.

Antes de se envolver na oficina, um adolescente apresentava-se apático aos serviços oferecidos pelo Craisa: sentava num banco e, com a cabeça encostada na parede, permanecia por longos períodos de tempo imóvel, boca aberta, com pouca relação com quem por ele passasse. Pouco a pouco, o menino aproximou-se do treino de malabares e, quanto mais avançava a sua capacidade técnica de fazer malabarismo, mais aumentava sua capacidade de se relacionar com outros adolescentes. Algumas semanas depois, o menino jogava futebol com os demais.

Ao exigir o envolvimento corporal nas suas atividades, o circo estimula seus participantes a despenderem maior cuidado ao corpo. Isso se revelava em diversas situações, desde a necessidade de cuidar de um braço quebrado para jogar malabares, até a sutil necessidade de tomar banho. Cuidar do corpo, cuidar de si.

Isso ainda sem mencionar, como já descrevi no capítulo anterior, a diminuição de uso de drogas. O uso do corpo no circo exige capacidades técnicas incompatíveis com o uso de drogas, como a capacidade de concentração. E a diminuição do consumo de drogas estimula transformações corporais.

A atenção ao corpo e às suas transformações revela materialmente transformações interiores. Fica isto, portanto, como um importante critério de avaliação das atividades.

## O DISCURSO DOS PARTICIPANTES

A oficina de circo, como é comum nas atividades arte-educacionais, sustenta-se na premissa de que embora ninguém possa ensinar nada a ninguém, todos podemos aprender qualquer coisa. Isto em si já condiciona: que o único pré-requisito para a participação na oficina seja o interesse em aprender o jogo circense; que ainda que o oficineiro possa orientar tecnicamente o treino circense dos seus participantes, somente com base na sua experiência empírica se apreenderão os conteúdos desenvolvidos nas oficinas — circo se aprende fazendo circo. Nem é preciso muito esforço para justificar esta contradição essencial e fundante da oficina (ensinar sem ensinar?). Inúmeros educadores e arte-educadores já teorizaram em seus estudos essa contradição. É evidente que algo o educador tem de ensinar (técnicas circenses, por exemplo). Entretanto, é útil que aja *como se* não tivesse nada que ensinar. Isto ajuda a nos desfazermos de certos equívocos de uma "educação catequética" que ainda hoje se impõe como norma. O educador mais do que impor verdades aos seus educandos, procura questioná-los a respeito das suas verdades. E ao fazê-lo, evidentemente, questiona-se a respeito das suas próprias verdades. Já não se trata somente de atirar verdades às pessoas. Trata-se de uma relação de troca — dar e receber. Trata-se, enfim, de dialogarmos verdades.

Na educação de crianças e adolescentes em situação de rua, esta é uma necessidade ainda mais evidente já que historicamente se formou uma opinião (geralmente correspondente a interesses e ideologias de classe) a respeito do melhor destino a ser dado à vida desses meninos e, nem sempre, isso corresponde ao destino que os adolescentes (sujeitos de direitos!) pretendem para si mesmos. No Rio de Janeiro, por exemplo, O governo do Estado, por meio da sua Secretaria de Segurança Pública, desenvolve o programa Zona Sul Legal. O programa inclui, além do aumento do efetivo das polícias cariocas — boa parte alocada na Zona Sul, área onde vive a elite econômica da cidade e onde se localizam importantes centros turísticos —, ações de recolhimento da população de rua, encaminhada para as Centrais de Triagem. Segundo os informes publicitários do governo, veiculados em rádio e televisão, as pessoas que são recolhidas nas ruas são encaminhadas para locais adequados para o seu acolhimento. Não foi o que eu vi. Na Central de Triagem, local de onde todos deveriam ser encaminhados para os abrigos da cidade, não havia possibilidade da efetividade do trabalho, porque não há abrigos para recebê-los. Na Central de Triagem, espaço sem a mínima infra-estrutura para o desenvolvimento de uma política social adequada (não há camas, não há banheiros suficientes, as refeições são produzidas em condições precárias, etc.), crianças e adolescentes, homens, mulheres e até mesmo famílias acomodam-se como podem (cada um destes grupos ocupando um andar da instituição). Há, ainda, os que nem mesmo conseguem adentrar o prédio da Central, acomodando-se na sua calçada mesmo. Não há como passar despercebida a sucessão de violências a que foi submetida a população de rua do Rio de Janeiro: antes de tudo, a própria situação de marginalização social; depois, as ações de recolhimento, tolhendo-lhes o direito constitucional de ir e vir; por fim, ainda, o encaminhamento para lugares onde não há condições de atendimento com a responsabilidade que pedem os problemas sociais brasileiros. Uma política fundada em absurdos: no absurdo de que as populações marginais não podem e não devem circular nas áreas nobres da cidade; no absurdo de que o Estado sabe, mais do que as próprias pessoas, o que delas deve ser feito; no absurdo de que a situação de rua, em si, condiciona ao crime (daí o desenvolvimento de um programa de segurança no lugar de um programa social na atuação com a população de rua) e etc. No Rio de Janeiro, assim como em boa parte do Brasil, Política Social é caso de polícia!

Ao contrário de ações como estas, a oficina de circo sustenta-se numa certa *Pedagogia do Diálogo* (já nomeada de diferentes maneiras por diferentes profissionais da educação e que também é atitude recorrente em diferentes formas terapêuticas). Isso não só como atitude metafórica das relações de troca entre educador e educando, mas também como atitude literal: na oficina de circo, antes e depois das atividades, conversa-se muito. Às vezes coletivamente com todos os participantes reunidos, outras, em diálogos entre o oficineiro e um único participante. Por um lado, estas conversas aprofundam o conhecimento sobre a realidade social e pessoal em que está inserido o adolescente, facilitando as escolhas de atividades a serem desenvolvidas. De outro, ajudam a reconhecer os processos que se abrem de transformações com base nas atividades do circo.

Nestes diálogos, o que o menino fala é ouvido com atenção. Isto não só porque, como já se afirmou, ajuda a enxergar o mundo pelos seus olhos, mas também porque nisso se apóia um importante critério de avaliação. A maneira de elaboração do seu discurso, os temas das conversas, tudo isso revela a importância da atividade para o menino.

Quando falo em diálogo e relativizo a capacidade de ensinar do educador, não quero cair em certos confusionismos que pretendem tornar iguais educador e educandos. Diálogo pressupõe diferença, duas pessoas com diferentes vivências relacionam suas experiências. Isso me afasta do que é comum observar na atitude de certos educadores que, na intenção de se aproximar de seus educandos, acabam confundindo-se com eles (imitando gestos, expressões, vocabulários, etc.). Reduzido à realidade de seu educando, o educador já não pode acrescentar nada a ela. Esgotam-se, enfim, as possibilidades de diálogo. Que fique claro: evitar uma educação catequética, não significa fingir relativização absoluta de todos os valores. É na diferença que educador e educandos se fortalecem em suas virtudes e se ajudam em seus processos de transformação.

## AS AÇÕES DOS PARTICIPANTES FORA DAS OFICINAS

A expressão do corpo e da palavra são critérios importantíssimos de avaliação. Àquilo que ele é (corpo) e fala (palavra) somo ainda um outro igualmente importante: aquilo que o adolescente faz.

Antes de mais nada, no próprio espaço da oficina podem ser observadas as suas atitudes, como por exemplo, a sua capacidade de realizar atividades em grupo ou de transcender a realização dos próprios exercícios, inventado por conta própria outras de suas variações. Além disso, as suas ações fora do espaço das oficinas ajudam a dimensionar os seus processos de transformação. Decisões como, por exemplo, voltar para casa, voltar a estudar ou mesmo a opção consciente por permanecer em situação de rua podem motivar atividades nas oficinas.

Para o desenvolvimento desse critério de avaliação, foram fundamentais as *interações* entre arte-educador e outros profissionais, como psicólogos e educadores sociais envolvidos em outras atividades do Craisa. As oficinas são antecedidas e sucedidas de conversas entre o oficineiro e os educadores do serviço. Nessa forma de diálogo, o educador-social, que acompanha os adolescentes atendidos pelo Craisa por muito mais tempo que o oficineiro (permanecendo quarenta horas semanais no espaço da instituição, ao passo que o arte-educador aí permanece por apenas quatro horas semanais), aprofunda o conhecimento sobre a realidade cotidiana dos participantes da oficina e auxilia na avaliação da pertinência das atividades desenvolvidas.

# DEMORÔ!

Numa entrevista concedida a um canal de TV da cidade de Campinas, a apresentadora do programa fazia questão de ressaltar a ação heróica de educadores que se relacionam com meninos e meninas de rua. Reforçava, assim, a imagem do menino de rua que, abandonado pela família e pela sociedade, sem referências de afetividade, desenvolve comportamento agressivo e incompreensível.

Em princípio, deixamos-nos levar por uma certa ingenuidade nas respostas da entrevista. Conduzidos por uma entrevistadora que possivelmente limitava seu contato com os meninos de rua aos semáforos da cidade — às vezes é preciso parar e olhar! — nós, entrevistados, contribuíamos para a construção da imagem do "menor abandonado". Os pobres são pobres de tudo: de dinheiro, de amor, de afeto. Assim, boa parte da entrevista foi dedicada à dificuldade em lidar com adolescentes com referenciais de vida diferentes dos nossos.

Enquanto se realizava a entrevista, no entanto, fui to-

demorô!

mado por um pensamento: as práticas que desenvolvemos na educação dos meninos de rua não são tão diferentes das práticas que se desenvolvem na atuação com qualquer outro grupo social. Não conheço trabalho em que não é necessário reconhecer diferentes realidades socioeconômicas e culturais. Também ignoro atuações que podem furtar-se da adaptação da linguagem artística, nossa ferramenta de atuação, para a potencialização de processos de transformação. Lembrei isso à entrevistadora e aos entrevistados. Juntos, chegamos a uma conclusão óbvia: meninos de rua são seres humanos tão complexos quanto qualquer um de nós. Qualquer trabalho que se pretenda com esse grupo ou com qualquer outro deve levar em consideração a complexidade das relações humanas. A isso eu chamo um trabalho amoroso — a cada afirmação, a inquietação respeitosa: o que isso significa para mim? O que isso significa para o outro?

Hoje, quando me preparo para finalizar o relato de quase dois anos de atuação com os meninos de rua, vejo que as especificidades do trabalho se evidenciaram justamente porque foram utilizados princípios gerais da arte-educação: não aceitar a imposição de visões de mundo; valorizar o diálogo; partir sempre de onde estão os educandos e não de onde o educador gostaria que eles estivessem; lembrar sempre que, antes de mais nada, a pretensão é a do jogo (uma atividade extracotidiana, com regras livremente consentidas mas obrigatórias entre os participantes, e sustentada exclusivamente no prazer de jogar!).

Jogando, inventamos um circo de brinquedo, partilhamos desafios, delimitamos um espaço de atuação, arriscamo-nos nas atrações circenses, lançamo-nos no desconhecido. Educador e educandos juntos na construção de um projeto educacional.

Na abertura do livro, disse que o relato da minha experiência na educação de meninos de rua era um atrevimento. O trabalho em si era atrevimento: sem equipamento e sem a sabedoria dos artistas do picadeiro. Ao encerrar a reflexão, percebo um último atrevimento: pretender o relato das especificidades do trabalho com meninos de rua quando, na verdade, o trabalho fundamentou-se em princípios gerais de arte-educação. Nossas atrações não são inéditas.

Do pouco que nós tínhamos, inventamos nosso circo. Sem grandes apresentações, sem alarde, sem ineditismo de atrações, ele se construía. Sutilmente ele se erguia em nossos corpos. O circo é o espetáculo do incrível: o impossível é possível! E do nada que se via, mas do muito que se tinha, adolescentes em situação de rua mostraram que era possível reunir impulso para um incrível salto vital!

# AGORA E NA HORA DE NOSSA HORA

PRIMEIROS MOVIMENTOS

Quando iniciei os trabalhos nas oficinas de circo, eu não pretendia criar um espetáculo em que meninos de rua estivessem representados. Entretanto, passados alguns meses de intenso envolvimento nas atividades do projeto "Gepeto", a criação de um espetáculo era mais que um projeto artístico; era uma necessidade. À medida que interagia com os adolescentes das oficinas, em mim se imprimia a invencível força de vida dos meninos de rua. E impressão exige expressão. O espetáculo pretende-se formalização artística desta força vital. Sejamos suficientemente inteligentes para incorporá-la na construção de nossa sociedade.

É também a inquietação de quem reconheceu, no universo da rua, a revelação de contradições que são próprias de nosso povo. Meninos de rua são crianças e adolescentes cujo caráter se forma no seio de nossa organização social; vivem no espaço que, por excelência, é local de encontro dos sujeitos de nossa sociedade — a rua. São, por isso, um pouco fruto de todos nós: representam, ao mesmo tempo, o nosso desejo de ainda apostar no futuro, nos herdeiros da pátria amada, e a perda do nosso paraíso (a terra que é "gigante pela própria natureza"). Entendê-los é entendermo-nos; conhecer-lhes os nomes, os sonhos, é também saber de nós mesmos; saber escutá-los é também nos reinventarmos.

Motivado a criar um espetáculo teatral, eu passei a observar e imitar os adolescentes que eu conhecia por meio do projeto, coletando depoimentos, ações, gestos, vozes, etc. Aos poucos a pesquisa estendeu-se para ambientes externos ao projeto. Assim, meninos de rua foram observados também nas ruas de Campinas, São Paulo (onde passei uma madrugada inteira na rua, experimentando, ainda que brevemente, a sensação de nela viver) e Rio de Janeiro. No Rio, o trabalho incluiu a pesquisa sobre a Chacina da Candelária.

## A CHACINA DA CANDELÁRIA

Na madrugada do dia 23 de julho de 1993, o susto: no coração financeiro do Rio de Janeiro, oito crianças e adolescentes em situação de rua são assassinados. A chacina ganha a imprensa, repúdio da nação e de outros países. E, no entanto, a cada mês, na cidade de Campinas, entre oito e dez menores de idade são exterminados — uma Candelária por mês! Na cidade onde aconteceu a chacina, o Rio, são aproximadamente 450 crianças e adolescentes assassinados por ano!

Por que os assassinatos da Candelária ganharam os noticiários de todo o Brasil e do mundo e pouco se fala de todos os atentados que, cotidianamente, se pratica contra a infância e a juventude brasileiras? Uma resposta possível: o horror não foi contra o assassinato de meninos de rua, mas porque a matança aconteceu na porta de casa! Nessa noite, setenta e dois meninos e meninas dormiam nos arredores da Candelária. Muito se falou do que deixou de ser feito pelos oito meninos assassinados. Poucas vozes lembraram que ainda se podia fazer muito pelos sessenta e quatro sobreviventes e por todos os jovens que ainda vivem em situação de rua. Resultado: pelo menos outros quarenta meninos que estiveram na Candelária também foram assassinados. Uma chacina com, pelo menos, quarenta e oito vítimas!

No processo de criação do espetáculo, a chacina não é tomada exclusivamente como matéria histórica: os fatos do passado. As forças que a geraram revelam, na verdade, um comportamento geral da sociedade brasileira com os meninos de rua: negá-los até a morte! A história como modelo revelador de um conduta social.

## UMA NOITE NA CENTRAL DE TRIAGEM DO RIO DE JANEIRO

Dez anos depois do escândalo Internacional da Candelária, pouca coisa mudou. Lembro que em 2003 e 2004, o governo do casal Garotinho (Rosinha, a governadora, e Anthony, seu secretário de segurança) desenvolve o programa Zona Sul Legal, incluindo em suas ações o recolhimento da população de rua, encaminhada para a Central de Triagem. Nesta Central, o cidadão deveria permanecer por, no máximo, cinco horas — tempo do seu acolhimento e abrigamento. Eu mesmo testemunhei estadas de mais de três dias. Como eu trabalhava com meninos de rua, não se hesitou em deixar o andar de crianças e adolescentes sob minha responsabilidade. Neste andar, assim como nos demais, não havia uma única cama. Todos se acomodavam sobre o chão de cimento queimado. Não havia água no prédio na primeira noite em que aí eu estive: os banheiros deveriam ser usados com parcimônia; a refeição começou a ser preparada aproximadamente às 22 horas e 30 minutos, quando dois adolescentes subiram até o quarto andar para pegar água na única torneira cujo abastecimento de água estava normalizado. Na subida, os meninos brincam: a escada transforma-se em morro sobrevoado por helicópteros da polícia; nas mãos, armas imaginárias; ações de proteger e vigiar. "Bora puxar um pó de quatro na Zona Sul?", convida um dos meninos. "Eu sou gerente."

Como não havia atividades para os meninos que aí estavam e nem sempre a televisão interessa, freqüentemente as brincadeiras acabavam em briga. Súbito, um dos meninos se irrita. As crianças mais novas afastam-se temerosas. Dois adolescentes se estapeiam. Cospem-se. Os funcionários mobilizam-se. Apartam a briga. Finalmente, todos resolvem trabalhar. Começam a aparecer os abrigos para recebê-los. Especialmente as crianças mais novas estão felizes por isso. É sempre mais fácil abrigar crianças. Nas noites em que estive na Central de Triagem, não vi um único adolescente ser abrigado.

Um pouco antes da saída da kombi que levaria as crianças às instituições que as receberiam, aparece no andar um novo funcionário. Ele, agora, parece estar responsabilizado pelas atividades. Acredito ser um educador-social. Na saída, reconheço seu trabalho: é motorista da instituição. Quando lhe pergunto a sua função, ele responde com naturalidade: "Sou motorista, mas também dou uma força no que for preciso".

Uma menina, em especial, chama a atenção. Tinha alguma deficiência que não fui capaz de distinguir (bastante obesa e com dificuldade de verbalizar sua comunicação). Era ofendida por outros meninos. Ela grita. Usando pijama, ela desce as escadas. Uma funcionária a detém e pergunta se ela quer ir embora. A menina responde que sim. Em tom de voz bastante elevado e impaciente, a funcionária pergunta se ela "quer ficar na rua, toda suja, feia". A menina insiste em ir embora. A funcionária a proíbe de sair. Mais tarde, perguntei a um dos educadores por que ela também não foi abrigada. "Isto", responde uma das funcionárias, "é difícil porque não há abrigos especializados para recebê-la". "Há quanto tempo ela está aqui?", pergunto. "Quase um mês."

Acompanho os meninos na kombi. O motorista parece irritado. Um dos moradores de rua que procurava o serviço da Central de Triagem protesta: em São Paulo, os moradores de rua são cadastrados — ele mostra sua carteirinha; não faltam abrigos e o atendimento à população de rua é uma das prioridades da gestão 2000-2004 da prefeitura. "O cara sai de São Paulo pra vir falar mal da minha terra?", resmunga o motorista. No caminho, ele volta a desenvolver sua habilidade de educador. Ridiculariza os travestis que cruza pelas ruas e conta que já saiu com todos eles. Provoca os meninos dizendo que eles fariam o mesmo. Meninos de seis e sete anos não entendem a piada.

Pouco a pouco, deixamos os meninos em diversos abrigos. Na chegada a um famoso instituto, desses que levam nome e prestígio de atleta, dois meninos são chamados. Outro pede para também ficar: não quer separar-se dos irmãos. A funcionária lembra: "Você está achando que pode escolher?" Silêncio. Ela permite que ele fique. Tudo parece lembrar aos meninos que a sua vida não lhes pertence.

## CRIAÇÃO DA DRAMATURGIA

A pesquisa sobre a Chacina da Candelária trouxe ao trabalho uma pretensão: contar a história; contrapô-la aos nossos dias e verificar o que mudou desde seus trágicos acontecimentos. Nisso surgia um problema. Como, num espetáculo solo, eu poderia representar os muitos atores que estiveram envolvidos na Candelária? Era preciso incluir a representação de setenta e dois meninos de rua que nessa noite dormiam aí e os policiais assassinos. Isso sem considerar os atores do jogo político e social: o prefeito e secretários, o governador, o presidente da República, a representante da elite carioca, os educadores-sociais, as ONGs, os muitos oportunistas que nesse momento decidiram manifestar-se (chegou-se a projetar a realização de um filme de Hollywood, com elenco de atores estadunidenses, para retratar o acontecimento brasileiro!). Como um ator sozinho pode representar tantos personagens?

Antes de tudo, foi preciso reconhecer a impossibilidade de uma apreensão total da Chacina da Candelária num espetáculo. Nem mesmo o processo de investigação deu conta da sua totalidade, havendo ainda hoje, mesmo depois de abertos dois processos (o Candelária I e o Candelária II) brechas e situações mal-explicadas no inquérito (por que, por exemplo, nessa noite nenhum dos vigias dos Centros Culturais e bancos que ficam na Candelária estavam em seus postos?). Se nem mesmo uma investigação de anos deu conta da barbárie, como apresentá-la em sua totalidade em aproximadamente uma hora de espetáculo?

O primeiro trabalho foi selecionar materiais, escolher o que, de tudo quanto fora pesquisado, era mais revelador do que eu pretendia apresentar: uma sociedade que gera e nega meninos de rua. Nesta seleção, já há uma leitura de mundo. Eu não selecionava qualquer material, só os que viessem ao encontro de minhas intenções. Não interessava, por exemplo, a apresentação de detalhes do processo de identificação de acusados (o que foi bastante tumultuado e um dos argumentos-chave para defesa e acusação durante os julgamentos). O objetivo não era apresentar como responsáveis pela chacina os policiais que apertaram o gatilho das armas, mas a sociedade que gerou contexto para que os assassinatos acontecessem. Concentrei-me, nesta seleção, na apresentação da causa essencial da matança: o modo de vida dos meninos de rua conflita com o modo de vida dos outros habitantes da cidade. Assim, por exemplo, é incluído o texto, noticiado pelos jornais do Rio, em que meninos de rua se dirigem a turistas: "Hey, gringo! Have money para mangiare?" Um dos precedentes da Candelária, o episódio envolvendo turistas sul-africanos, meses antes da chacina, já dava indícios do desconforto que os meninos representavam para a cidade. Meninos pedindo esmolas para turistas viram notícia de jornal e caso de polícia.

Ainda assim, selecionadas as informações fundamentais sobre a chacina, era necessário encontrar uma maneira de levar à cena a História. A primeira solução dramatúrgica foi a criação de um personagem: Pedro, o Pedrinha, um menino que resistiu à chacina — sobre a banca de jornais, ele assistiu a tudo, em silêncio. Ao narrar os acontecimentos da madrugada para os espectadores, Pedrinha revela uma sociedade que nega meninos de rua até a morte. Aqui também é claro o meu posicionamento como artista: a matança contada do ponto de vista dos meninos. Isso reforçado ainda por uma escolha. Dentre as muitas imitações que eu codifiquei, não escolhi ao acaso o menino que narraria os acontecimentos da madrugada, mas aquele cuja ingenuidade era mais evidente. O único dos meninos com alguma deficiência mental que observei e imitei foi eleito como narrador. Nisso, evidencia-se ainda mais a barbárie: são, antes de tudo, crianças e adolescentes e, como disse Herbert de Sousa, o Betinho, na época dos crimes: "Quando uma sociedade deixa matar crianças, é porque começou o seu suicídio como sociedade".

Até aqui, delimitava-se uma personagem. Para a finalização de situações dramatúrgicas, faltavam outras informações, como a delimitação de espaço e tempo. Eu tomava um modelo bastante simples e já incorporado à tradição do teatro do Ocidente de criação dramatúrgica, especulando: Quem? Onde? O quê? Por quê?

Estas informações foram recolhidas no conto "Macário", do mexicano Juan Rulfo. No conto, um menino está junto de uma cisterna esperando saírem as rãs. Durante toda a noite, elas fizeram muito barulho e, por isso, não deixaram dormir a sua madrinha. Com um pedaço de pau na mão, ele espera matar uma a uma todas as rãs.

Em *Agora e na Hora de Nossa Hora*, um menino de rua, o Pedrinha, está junto de um bueiro esperando os ratos saírem. Para ele, o barulho dos ratos não deixou os policiais dormirem. Por isso a matança. Ao ouvirem os tiros, todos os meninos saíram correndo, menos ele, que ficara quieto sobre a banca de jornais. Com algumas pedras nas mãos, ele espera matar os ratos para que todos possam dormir em paz.

Resolviam-se, assim, os problemas fundamentais da dramaturgia do espetáculo. Já não era necessário representar todos os meninos que nessa noite estavam na Candelária, mas apenas um. O espetáculo acontece no momento em que todos fugiram. Com a rua deserta, o menino procura entender-se com os ratos, os responsáveis pelo ódio dos polícias. Pouco a pouco chegam os espectadores, recebidos, agora, como as primeiras pessoas que se aproximam do local da chacina.

## UMA DRAMATURGIA DE ATOR

*Agora e na Hora de Nossa Hora* foi criado com base em pesquisas sobre a Dramaturgia de Ator. Ou seja, o trabalho não foi escrito por um autor teatral e somente depois levado à cena. Ao contrário, esta dramaturgia se cria no corpo e pelo corpo do ator, na própria cena.

Retomemos as trilhas do processo: ao longo de um ano e quatro meses, um ator observou e imitou meninos de rua em Campinas, São Paulo e Rio de Janeiro. Assim se constituiu um repertório físico e vocal tratado como "material" para a criação do espetáculo. Além das ações de meninos de rua, outros "materiais" foram coletados: uma relação de quase duzentos e cinqüenta artigos sobre a Chacina da Candelária; o conto "Macário". A dramaturgia do espetáculo é resultado da montagem destes diferentes materiais. Aquilo que a cena apresenta foi selecionado com base em uma série de tentativas de combinação destes materiais: uma ação sobreposta a determinado texto; uma narração combinada com uma imagem do conto e etc.

Nem é preciso dizer que este processo é bastante diferente daquele em que um autor teatral, sozinho, delimita e estrutura a narrativa de uma obra. Nesse processo de criação, os demais artistas do espetáculo — ator, diretor, cenógrafo, figurinista, etc. — esforçam-se em traduzir cenicamente a criação de um autor. Nesse sentido, a competência da equipe de realização do espetáculo está na execução (o mais precisa possível) das indicações do autor.

Nesse outro modelo, que culminou na criação de *Agora e na Hora. . .*, a escrita cênica nasce do trabalho prático da equipe de realização do espetáculo. Nesse processo, a dramaturgia define-se pelo conjunto de escolhas poéticas da equipe de criadores. Essa dramaturgia pressupõe um trabalho artesanal de montagem de ações: a dramaturgia inscrita no espaço, no corpo do ator. Por isso, é difícil a distinção entre o seu texto (literatura) e a sua encenação (cena).

Essa distinção entre um texto escrito e a maneira como é levado à cena remonta a Aristóteles e a sua análise da tragédia grega. No entanto, já na origem da palavra dramaturgia — do grego δρᾶμα-ἔργον, "trabalho das ações" — é difícil separar ações previstas no texto escrito das que se originam na sala de ensaios, no trabalho de atores e do encenador. Mesmo a palavra *texto* originalmente significa "tecendo junto". Assim, pode-se dizer que o trabalho das ações produz a tessitura do espetáculo, a sua trama. O tecido *Agora e na Hora de Nossa Hora* é tramado nas linhas da literatura, das ações observadas em meninos de rua, do fato histórico.

Há, por fim, uma inversão no modelo clássico de criação teatral: sendo desenvolvida em sala de trabalho, a partir da orquestração dos materiais que a compõem, a peça só pôde ser escrita, tornando-se palavra impressa, depois de terminada a obra.

As possibilidades criativas desta dramaturgia do espaço são tema de meu trabalho de mestrado, o *Ator-Montador*. A dissertação encontra-se disponível para consulta nas bibliotecas da Unicamp e também em versão digital: <http://libdigi.unicamp.br/>. Ali, o estudo da obra artística e teórica do cineasta russo Sierguei M. Eisenstein, especialmente da sua formulação sobre o conceito de montagem, referenciou a pesquisa da atuação em teatro. Vem do cineasta russo, por exemplo, a idéia de representar o fato histórico para revelar comportamentos sociais.

Na obra de Eisenstein, a observação da realidade não limita o artista à pura imitação da realidade. Da mesma forma, ainda que inclua, no seu processo de criação, a representação da Chacina da Candelária, *Agora e na Hora de Nossa Hora* não se restringe ao documentário. A Estória muda a História na busca de que, um dia, ela não mais se repita. Engana-se quem procura no espetáculo simplesmente a matança de jovens pobres. *Agora e na Hora de Nossa Hora* não é um grito de morte. Nunca se deve esquecer que o que o motiva é a força vital dos meninos que eu conheci. *Agora* é grito de vida; a vida que perdemos em nossas esquinas. Em mão contrária a uma certa "cultura da evitação" em que uma parcela da sociedade evita outro grupo social a qualquer custo — porque danadamente a amedronta —, o espetáculo sugere diálogo. Saibamos dialogar com a diferença (discurso que mesmo já muito banalizado é sempre bem-vindo). No diálogo do diverso, são despotencializados os desentendimentos e a violência. Que eu possa, ao apresentar o espetáculo, não me restringir ao retrato da tragédia social, mas estimular no espectador um processo análogo ao que eu vivenciei ao lado dos meninos: conhecer o outro e reconhecer a si mesmo. Possamos todos nós construirmos na alteridade nossa identidade. Na rua, nos espaços de seus encontros, reconheçamo-nos como povo.

Agora, a hora de nossa hora!

**Ficha técnica do espetáculo**

Criação e atuação: Eduardo Okamoto
Direção: Verônica Fabrini
Assistência de direção: Alice Possani
Pesquisa e execução musical: Paula Ferrão
Música: "Bachianas Brasileiras n.º 5", Heitor Villa Lobos
Treinamento de ator: Lume
Iluminação: Marcelo Lazzaratto
Fotografia: João Roberto Simioni
Orientação: Suzi Frankl Sperber & Renato Ferracini
Duração: 60 minutos.

## Breve currículo do espetáculo

- Temporada de estréia em Campinas (São Paulo);
- Festival Itu de Artes;
- Cidades do interior de São Paulo;
- Sede do Grupo Matula Teatro: apresentação como parte de conclusão de mestrado;
- Sede do Lume;
- Festival Nacional de Teatro de Blumenau (Santa Catarina);
- Festival Nacional de Teatro de Lages (Santa Catarina);
- Temporada no teatro Fábrica São Paulo, em São Paulo;
- Feverestival, Campinas (São Paulo);
- Festival Internacional de Teatro de Santiago de Compostela (Espanha).
- Festival Internacional de Teatro de Lugo (Espanha).
- Centro Cultural CPFL, em Campinas (São Paulo);
- Filo (em Londrina, Paraná);
- Festival de Inverno de Ouro Preto (Minas Gerais);
- FIT, São José do Rio Preto (São Paulo);
- Sesc: Araraquara, São Carlos, Ribeirão Preto (São Paulo);
- Festival Nacional de Teatro de Presidente Prudente (São Paulo);
- Cena Contemporânea de Brasília (Distrito Federal);
- riocenacontemporânea — Festival Internacional do Rio de Janeiro (Rio de Janeiro).
- Festival Internacional de Teatro de Lugano (Suíça).

Versão final e nomes fictícios em Campinas, janeiro de 2007.

## Iconografia do espetáculo

# agora e na hora de nossa hora

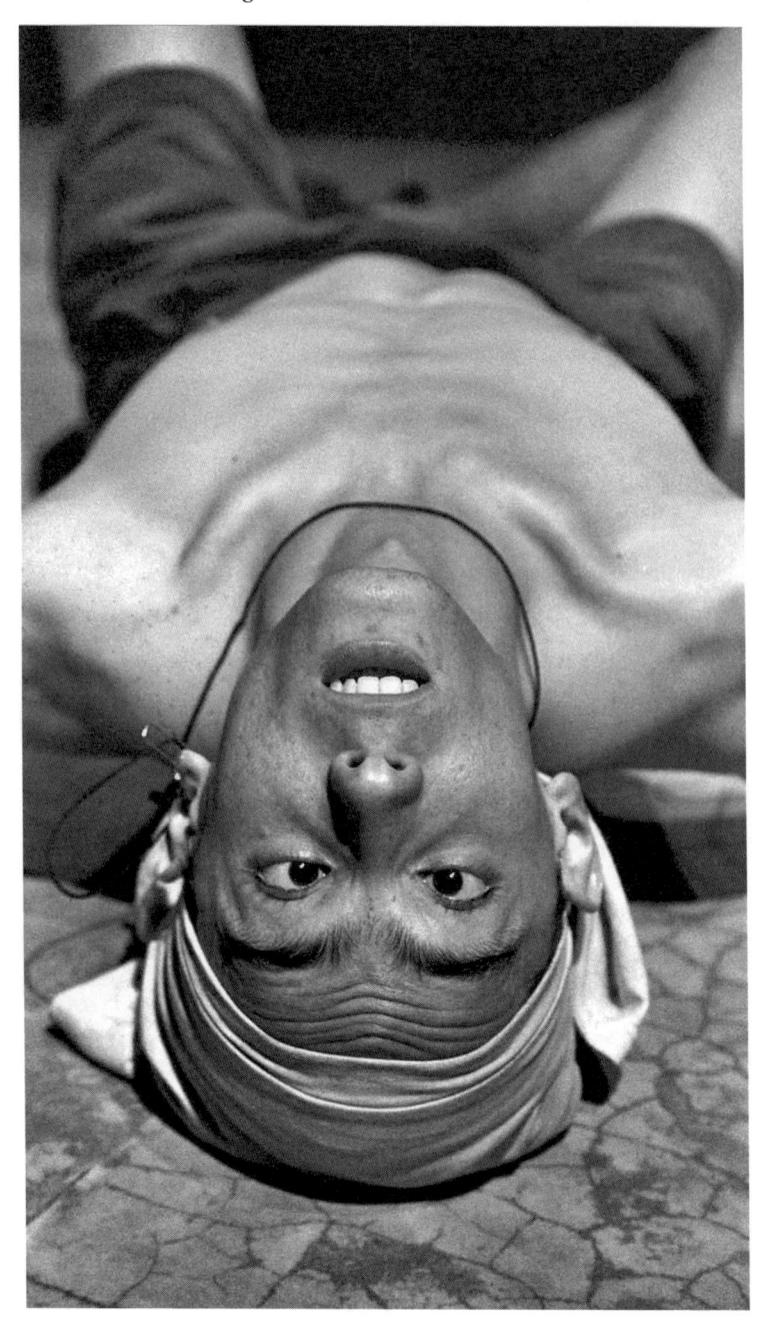

agora e na hora de nossa hora

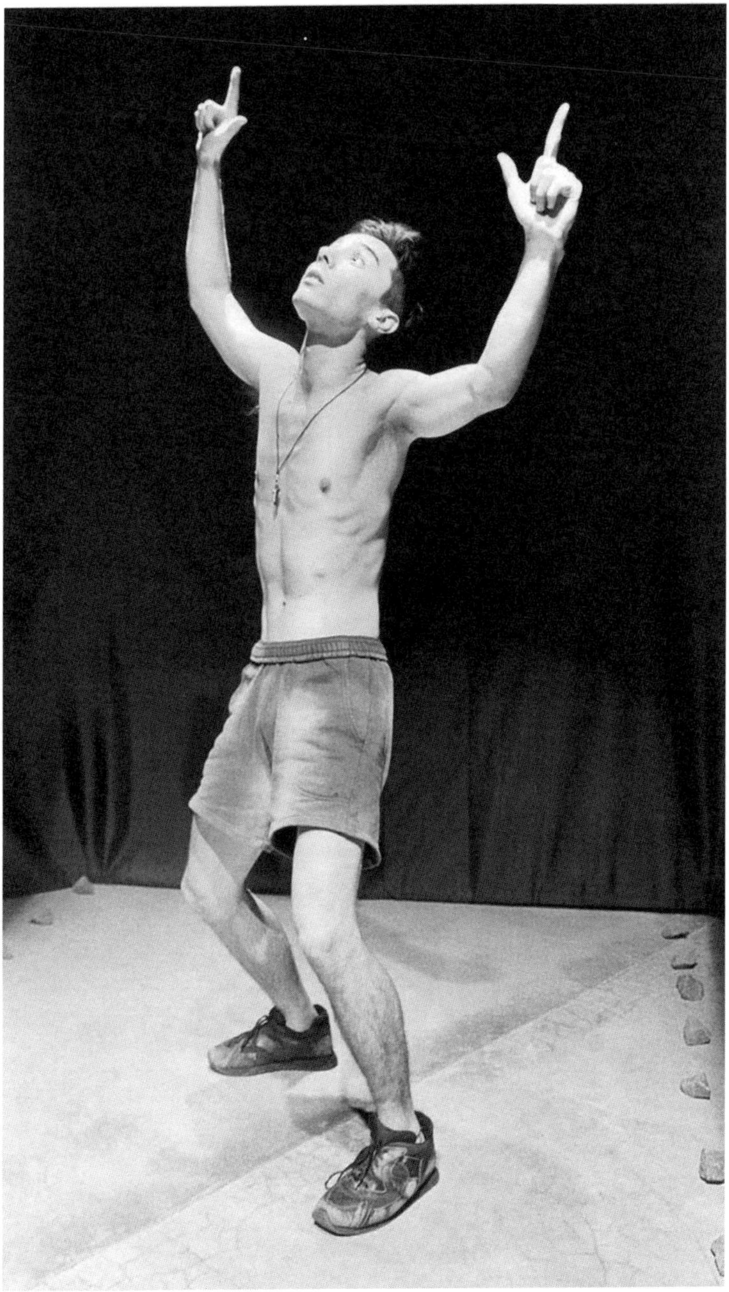

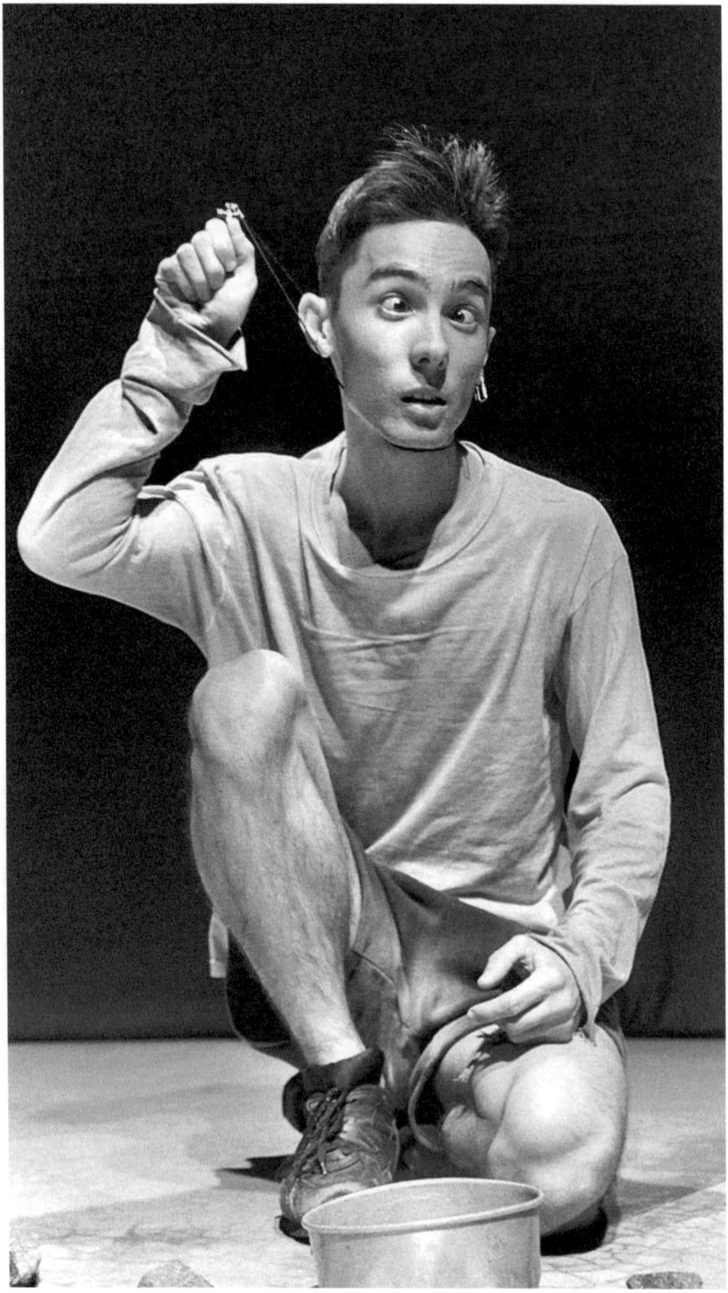

# O QUE DIZ A CRÍTICA

**Quatro dicas de bom teatro para ver logo**
*Agora e na Hora de Nossa Hora*
[. . .] um contundente retrato da realidade das crianças de rua. Sem recorrer à grandiloqüência cênica e aos chavões do gênero, Okamoto, sozinho no palco, dá um show involuntário de domínio da expressão corporal e mostra, ora com lirismo, ora com selvagem espanto, o que se passa na mente de um garoto que acabara de presenciar o assassinato de outros meninos, seus parceiros, pela polícia, remontando ao episódio tristemente célebre da Igreja da Candelária no Rio de Janeiro. Um belo exemplo da força do Teatro na formação de corações e mentes: você sai muito responsável pelos descaminhos do mundo.
—MICHEL FERNANDES, *site Aplauso Brasil*.

**Rio Preto dialoga com seu festival**
[. . .] Em meio à forte revalorização do ator — um módulo do FIT pôde reunir seis importantes monólogos — Eduardo Okamoto teve uma merecida consagração. Com uma causa urgente — o genocídio brasileiro dos meninos de rua — e tendo o Lume como formação para uma linguagem corporal estonteante, *Agora e na Hora de Nossa Hora* é uma montagem capacitada para mudar o mundo.
—SÉRGIO SALVIA COELHO, *Folha de S.Paulo*, 24/7/2006.

**O teatro aberto a outras linguagens**
Entre os espetáculos nacionais, a boa surpresa de *Agora e na Hora de Nossa Hora*, trabalho de Eduardo Okamoto que narra o ponto de vista de um menino de rua sobrevivente do massacre da Candelária, com domínio corporal, dramaturgia bem construída e diversos momentos de poesia.
—SORAYA BELUSI, Jornal *O Tempo*, Belo Horizonte, 23/7/2006.

**Brasil es un "meninho da rua"**
El actor de la Universidad de Campinas funde la realidad con un cuento de Rulfo en una pieza "primorosa" y "poética". [. . .] Uno de los espectáculos más destacados del Festival Internacional de Teatro.
—ALEXIS FALCÓN, *La Voz da Galicia* (Santiago de Compostela/Espanha), 25/3/2006.

**Uma fábula sobre a infância abandonada.**
—BETH NÉSPOLI, *O Estado de S. Paulo*, 10/2/2006.

**A Ilustrada escolhe: *Agora e na Hora de Nossa Hora*.**
Eduardo Okamoto comunica a dor e o desassombro dos meninos nos becos da vida.
—VALMIR SANTOS, *Folha de S.Paulo*, 5/3/2006.

**Candelária de Braços Abertos**
Criado a partir de pesquisas sobre a dramaturgia do ator, o trabalho solo de Eduardo Okamoto tem por base a constituição de um repertório físico e vocal a partir da observação de meninos de rua. O roteiro de ações acaba por configurar uma dramaturgia repleta de referências, oriundas de fontes variadas, tais como trechos de depoimentos, hinos cristãos, letras de funk, textos bíblicos. O que poderia ser uma colagem desarticulada, no entanto resulta em 60 minutos de pura harmonia entre técnica e emoção. Nessa intensa experiência, é possível conferir de que maneira o fato verídico, quando levado à cena com propriedade, não fica restrito aos parâmetros do real. [. . .] Reduzida ao que é essencial, a montagem emprega pouquíssimos recursos materiais e faz com que procedimentos que poderiam pare-

cer desgastados adquiram sentido. A direção de Verônica Fabrini, em perfeita sintonia com a proposta de atuação, tira partido do fluxo de desenvolvimento da cena. Pela mobilidade do signo teatral, a camiseta tem sua função primordial alterada, a voz adquire matizes diversos e o ator surge corporificado como rato. [. . .] A cena pega fogo, às custas desse moleque que promete, de braços abertos, não deixar a Candelária morrer.

— CLÓVIS MASSA, Festival Internacional de Teatro de São José do Rio Preto, *site* do festival, 18/7/2006.

## Um Ator e uma Cena Abrasadora

Incandescente. Esta é a palavra que me parece mais próxima do que se vê no espetáculo "Agora e na Hora de Nossa Hora", ficção dramática construída a partir de dados documentais, bem como de material literário (um conto de Juan Rulfo, "Macário") e, especialmente, da realidade de crianças de rua.

Recriando o cotidiano de um desses meninos — Pedro —, o Pedrinha, que sobreviveu a uma chacina, que luta a luta quase vã por sua sobrevivência, depara-se nesta aventura do existir, com o medo, com o crack, com a cocaína ou com as tetas de Felipa que lhe trazem o leite como se se tratasse de mel. Esta é uma das poucas recordações felizes de uma memória individual e coletiva, na qual o pertencimento a esta sociedade só lhe traz lembranças que se assemelham a pesadelos. Este personagem é a encarnação do poema de João Cabral de Melo Neto, Educação pela pedra. E entre o Pedro e o Pedrinha, quantas ambigüidades. Estamos no terreno de espetáculo verdadeiramente cônscio do papel da subjetividade de seus criadores, assim como de sua atuação ante a realidade que é "lá fora", pois o que nele se dá a ver é apenas teatro, ficção, mimese.

[. . .] O espectador vê/ouve ecos do mundo, da cidade "invisível", não através de semelhanças, mas de diferenças, numa recepção produtiva com a alteridade, através da representação simbólica. Todos nós, espectadores, comungamos neste "Agora e na Hora de Nossa Hora" um ato de "desvelamento" tanto pessoal, como social. Diálogo, ressonância cultural em que o imaginário cênico, mediado pela Dramaturgia de Ator (como o intérprete conceitua seu trabalho), nos dá uma sensação de que haverá — ou em nós se produzirá — um impacto que nos ajudará a transformarmos o real e vice-versa, pela reflexão. O papel do espectador/receptor neste espetáculo é fundamental em seu processo, porque ele reformula, inclusive a partir de seu universo pessoal e sociocultural, uma mediação entre ele mesmo, a obra e o mundo.

Raros os espetáculos que conseguem aliar pesquisa cênica de ponta a resultados excepcionais, com auto-revelação, disciplina, obtendo no todo, um verdadeiro ato criador, como aquele que Grotowski perseguia. Esse é o espetáculo anticlichê, antiestereótipos, no qual o espectador passa a ver através da persona alheia — o personagem Pedrinha — algo que nunca experimentara (ou ousara) em si mesmo um olhar longínquo para sua própria interioridade, podendo chegar mesmo a uma "Kátharsis". Catarse que, segundo o teórico alemão da Estética da Recepção H. R. Jauss, corresponde "tanto à tarefa prática como função social [. . .] quanto à determinação ideal de toda arte autônoma: libertar o espectador dos interesses práticos a fim de levá-lo, através do prazer de si no prazer do outro, para a liberdade estética de sua capacidade de julgar".

Enfim, ver este espetáculo com olhos livres e investir seus afetos e cognições na emancipação de si mesmo e do universo político social. Incandescente: ainda é a palavra que tenho para nomear este espetáculo e este ator abrasador.

—Antonio Cadengue, Festival Internacional de Teatro de São José do Rio Preto, *site* do festival, 18/7/2006.

### Eduardo Okamoto e le aride pietre dei bambini di strada

[. . .] In effetti, di primo acchiato, un monologo in portoghese stretto dei bambini di strada brasiliani, senza traduzzione, sembrerebbe di impossibile fruizzione alle nostre latidudini. I fattori risolutori sono però gli elementi scenici, la musica di Villa Lobos, l'illuminazione stillizata ed eficace, ma soprattutto la formidabile interpretazione del giovane attore Eduardo Okamoto, che con la sua fisicità riesce ad appoggiarsi all'incompressione linguistica per far passare le emozioni piú profonde.

[. . .] *Agora e na Hora de Nossa Hora*, diretto de Verônica Fabrini, benché monco della sua parte testuale per motivi espressi, riesce a esprimere con forza il messaggio che vuole veicolare e a portare riflessione sulla povertà anche fuori dal Brasile.

— Erik Bernasconi, *El Corriere del Ticino* (Suíça), 27/10/2006.

## História impressa no corpo

Enquanto funk cantado por meninos de rua recebe os espectadores que chegam ao Teatro Goldoni para assistir ao espetáculo *Agora e na hora da nossa hora*, atração do Cena Contemporânea, o ator Eduardo Okamoto posiciona-se fora da cruz cenográfica, onde a montagem será encenada Quem fixar o olhamo intérprete perceberá o exato instante em que ele corre para o centro do palco e transmuta-se no personagem Pedrinha. Começa, então, explosão de movimentos, num trabalho impressionante de corpo. O espetáculo fica em cartaz até hoje, no Teatro Goldoni (Casa D'Itália).

Mais do que palavras, *Agora e na Hora da Nossa Hora* é montagem erguida sobre o corpo do intérprete. Por vezes, os movimentos tornam-se imperdíveis no campo de visão do espectador. Não se trata aqui de simples e intensa partitura de gestos, mas de dramaturgia desenhada no corpo. Eduardo Okamoto conta o ocaso das crianças sem infância no Brasil pela absorção precisa do jeito de cada uma delas. Com treinamento submetido pela técnica da mímeses corpórea (observação e imitação do comportamento do grupo estudado), ele recria os códigos dos meninos de rua, em espetáculo de ritmo crescente e, por vezes, comovente. A voz, aqui, entra no mesmo patamar de importância dos movimentos, tentando aproximar-se das modulações/entonações do mundo real.

Inspirada no massacre da Candelária, a peça tem ápice dramático quando Pedrinha reconhece que oito companheiros foram assassinados pelos policiais enquanto dormiam. Personificados por pedras (que têm função narrativa na montagem), ele lista um a um, chamado-os pelo nome. Depois, lança as pedras dentro de uma lata, em som que remete aos tiros. A platéia emudece. Simples na concepção e com texto coadjuvante ao movimento, *Agora e na Hora da Nossa Hora* toca pela sinceridade com que o intérprete se aprofunda numa problemática que se banalizou nas grandes capitais.

—SÉRGIO MAGGIO, *Correio Braziliense*, 27/9/2006.

# GLOSSÁRIO
## EXPRESSÕES OUVIDAS DE MENINOS DE RUA DE CAMPINAS, SÃO PAULO E RIO DE JANEIRO

**Alemão**
aquele que está em "território" de grupo alheio.

**Bagulho**
droga.

**Bandeco**
em Campinas, marmita.

**B.O.**
indica responsabilidade por qualquer acontecimento.
Ex: "B. O. que é meu eu assumo."

**Boca**
local de venda de droga.

**Cagüetar**
entregar os companheiros.

**Complexo**
Complexo do Alemão, comunidade carioca.

**C.V.; Vermelho**
no Rio de Janeiro, Comando Vermelho, organização criminosa.

**(Dar) uma idéia**
aconselhar, intimidar.

**De Deus**
Cidade de Deus, comunidade carioca.

**Descabelar**
usar droga, especialmente *crack*.

**(Estar) daquele jeito; (Estar) no veneno; (Estar) 1.000 graus**
estar nervoso.

**(Estar) envolvido**
apresentar-se para determinada atividade.
Ex.: "— Eu estou envolvido na oficina do circo".

**(Estar) "Muito lôco no barato"**
estar sob efeito da droga.

**Fazenda**
Fazendinha, comunidade carioca.

**Fazer um corre**
trabalho; bico.

**Fazer um frete**
transportar um carregamento de droga.

**Humilde**
honesto.
Ex: "— Você é bandido!"
"— Eu não, sou humilde."

**Larica**
fome depois de passado o efeito da droga.

**(Levar um) sacode**
apanhar.

## glossário

**Mãe / pai da rua**
mulher e homem ou, ainda, garota e garoto mais velho que, na rua, cuida dos meninos mais novos.

**Matar geral**
assassinar muitas pessoas de uma vez.

**Menor / de menor**
menino.

**Mocó**
Barraco, abrigo.

**Na humildade**
numa boa, tranqüilamente.
Ex: "— Na humildade, faz um favor pra mim."

**Na mão dos menor**
unidade da Febem controlada por internos rebelados.

**"O peixe morre pela boca, vacilão pelo nariz"**
variação de provérbio popular para indicar overdose.

**Partido**
em São Paulo, organização criminosa conhecida como Primeiro Comando da Capital (PCC).

**Pedrinha ou Casqueiro**
menino que usa muito *crack*.

**Prisão**
internato da Febem.

**Puxar um pó**
consumir cocaína.

**Quentinha**
no Rio de Janeiro, marmita.

**(Ser) da Formiga**
no Rio de Janeiro, morar no Morro da Formiga.

**"Só quem é"**
maneira de identificar aqueles que pertencem a um grupo.

**Táxi**
carro.

**Tirando**
desmoralizar o outro.
Ex: "—Você tá me tirando?"

**Tirar um lazer**
curtir.

**Virar a casa**
rebelião.

**Virar raiz**
morrer.

**Vacilação**
dar bobeira.

**Viração**
literalmente "se virar"; encontrar uma maneira para ganhar algum dinheiro e se sustentar naquele dia.

# INDICAÇÕES DE LEITURA

## SOBRE JOGOS E BRINCADEIRAS

ADELSIN. *Barangandão arco-íris: 36 brinquedos inventados por meninos*. Belo Horizonte: Adelsin, 1997.

BOAL, Augusto. *Jogos para atores e não atores*. Rio de Janeiro: Civilização Brasileira, 1999.

HUIZINGA, Johan. *Homo ludens — o jogo como elemento da cultura*. Trad. João Paulo Monteiro. São Paulo: Perspectiva, 1980.

## SOBRE MENINOS E MENINAS EM SITUAÇÃO DE RUA

FRANGELLA, Simone Miziara. *Capitães do asfalto — a itinerância como construtora da sociabilidade de meninos e meninas "de rua" em Campinas*. Mestrado em Antropologia. Campinas: Universidade Estadual de Campinas, 1996.

*Estatuto da criança e do adolescente* — Lei n.º 8.069, de 13 de julho de 1990.

GREGORI, Maria F. *Viração: experiências de meninos nas ruas.* São Paulo: Companhia das Letras, 2000.

GREGORI, Maria F. & Cátia Aida Silva. *Meninos de rua e instituições: tramas, disputas e desmanche.* São Paulo: Contexto, 2000.

LEITE, Lígia Costa. *A magia dos invencíveis: os meninos de rua na Escola Tia Ciata.* Petrópolis: Vozes, 1991.

ROURE, Glacy Q. de. *Vidas silenciadas — a violência com crianças e adolescentes.* Campinas: Editora da Unicamp, 1996.

SILVA, Hélio R. S. & Cláudia Milito. *Vozes do meio fio.* Rio de Janeiro: Relume-Dumará, 1995.

VÁRIOS AUTORES. *Conjunto de artigos sobre a Chacina da Candelária publicados em jornais do Rio de Janeiro e São Paulo entre 1993 e 2003.* Este material encontra-se disponível nas bibliotecas do Centro Cultural São Paulo, em São Paulo, e da PUC, no Rio de Janeiro.

FICÇÃO QUE ESTIMULOU A CRIAÇÃO DE
*Agora e na Hora de Nossa Hora*

AMADO, Jorge. *Capitães de areia.* Rio: Record, 2004.

ANDRADE, Mário de. *Balança, Trombeta e Battleship, ou O descobrimento da alma.* São Paulo: Instituto Moreira Salles, 1994.

ROSA, Guimarães. "A benfazeja". In: *Primeiras estórias.* Rio de Janeiro: Nova Fronteira, 2001.

RULFO, Juan. "Macário". In: *Pedro Páramo e o Planalto em Chamas.* Trad. Eliane Zagury. Rio de Janeiro: Paz e Terra, 1997, p. 108.

# INDICAÇÕES DE FILMES

## FILMOGRAFIA EM QUE A SITUAÇÃO DE RUA ESTÁ REPRESENTADA

*À margem da imagem*
Direção: Evaldo Mocarzel
Brasil, 2003

*Ônibus 174*
Direção: José Padilha
Brasil, 2002

*Projeto Acolher*
Vídeo Institucional da Prefeitura de São Paulo
Brasil, 2002

*Ali Zaoua prince de la rue — As ruas de Casablanca*
Direção: Nabil Ayouch
Marrocos/Tunísia/França, 2000

*Cronicamente inviável*
Direção: Sérgio Bianchi
Brasil, 2000

*Do outro lado da sua casa*
Direção: Marcelo Machado, Paulo Morelli, Renato Barbieri
Brasil, 2000

*Os amantes da Ponte Neuf*
Direção: Léos Carax
França, 1997

*O pescador de ilusões*
Direção: Trry Gilliam
Estados Unidos, 1999

*Ironweed*
Direção: Hector Babenco
Brasil/EUA, 1987

*Pixote, a lei do mais forte*
Direção: Hector Babenco
Brasil, 1981

*Dodeskaden*
Direção: Akira Kurosawa
Japão, 1970.

Impressão e acabamento
**Imprensa da Fé**